Thomas Hax-Schoppenhorst

Große Schwester – kleiner Bruder

Konflikte in Geschwisterbeziehungen überwinden

NEUKIRCHENER
VERLAGSHAUS

© Neukirchener Verlagshaus 2007
Verlagsgesellschaft des Neukirchener Erziehungsvereins mbH,
Neukirchen-Vluyn
www.nvg-medien.de
Titelgestaltung: Hartmut Namislow unter Verwendung eines Fotos
von © MEV
Satz: Breklumer Print-Service, Breklum
Druck: Fuck-Druck, Koblenz
Printed in Germany
ISBN 978-3-7975-0168-4
Best.-Nr.: 600 168

*„Wilde Indianer
sind entweder auf Kriegspfad
oder rauchen die Friedenspfeife –
Geschwister können beides."*

(Kurt Tucholsky)

INHALTSVERZEICHNIS

Einleitung	7
1. Annäherung an den Begriff	18
2. Damals und heute – Geschwisterbeziehungen im Wandel	33
3. Die Geschwisterforschung – ein Überblick	35
4. Geschwisterpositionen und mögliche Effekte	39
4.1 Die oder der Älteste	39
4.2 Das zweite Kind	44
4.3 Mittlere und spätere Kinder	45
4.4 Der oder die Jüngste	47
5. Wodurch werden Beziehungen zwischen Geschwistern beeinflusst?	50
6. Die Eltern – Kritisches und Erbauendes	61
7. Gesichter der Geschwisterrivalität	76
8. Wege zu einer lebendigen Geschwisterbeziehung	91
8.1 Die äußeren Umstände	96
8.2 Die Beschäftigung mit der eigenen Person	101
8.3 Perspektivenwechsel: Der Pullover meines Bruders	106
8.4 Den Anfang machen	110
8.5 Den Neid überwinden	117
9. Die Hand ausstrecken – Zeichen der Versöhnung	121
10. Jakob und Esau – Geschwisterlichkeit aus personaler und globaler Sicht	127
Dank	135
Literatur	136

Für meine
Geschwister Ulrike und Michael

Einleitung

Flughafen Frankfurt am Main, Sonntag, 7. Januar 2007, 20.40 Uhr: Die Maschine der chilenischen Fluggesellschaft LAN hebt sich mit einstündiger Verspätung in die Lüfte. 12.123 Kilometer und 13, 5 Stunden Flug liegen vor den Reisenden.
An Bord macht es sich Marlene H. aus Recklinghausen bequem. Sie ist 84 Jahre alt und gilt als routinierte Reisende, denn mittlerweile macht sie sich zum dreizehnten Mal auf den Weg zu ihrer Schwester Anni, 89 Jahre alt.
Anni hatte bereits kurz nach dem Zweiten Weltkrieg Deutschland verlassen und mit ihrem Mann dann schließlich in Südamerika eine neue Heimat gefunden.
Seit dieser Entscheidung, auf die andere Seite des Erdballs zu ziehen, pflegten und pflegen die Schwestern auf unterschiedliche Weisen den Kontakt. In der ersten Zeit machte sich Anni in regelmäßigen Abständen – zunächst mit dem Schiff, später dann mit dem Flugzeug – auf den Weg nach Europa, um die Lieben wieder zu sehen. Als 1978 Marlenes Mann nach schwerer Krankheit starb, überwand diese 1979 erstmalig ihre große Angst vor dem Fliegen und setzte sich in ein Flugzeug.
Die Wartezeiten zwischen den großen Reisen überbrücken die beiden mit Briefen, besprochenen Cassetten und per Telefon. Die Verbindung zwischen ihnen ist trotz der großen Entfernung innig, herzlich, von Dankbarkeit und Respekt getragen.
In Santiago de Chile angekommen, geht die Reise nach kurzem Aufenthalt in das südlich gelegene Temuco weiter, wo Marlene von ihrer Schwester mit großem Hallo empfangen wird. Umarmungen, tiefe Blicke, Küsschen – die Freude ist unbeschreiblich.
Acht Wochen liegen vor dem Geschwisterpaar, bis es wieder gilt, Abschied zu nehmen. Es sind Wochen der intensiven Gespräche über die Familie, der gemeinsamen Besuche, des Austauschens von Erinnerungen, des Schweigens und des Grübelns darüber, wie viel Zeit ihnen noch bleibt.

Seit beide die Achtziger erreicht haben, sprechen sie auch gegen Ende der gemeinsamen Zeit darüber, dass es ein erneutes Wiedersehen mit großer Wahrscheinlichkeit nicht mehr geben wird. Und so kommt es, dass sich die Schwestern in diesem Jahr zum vierten Male ein „letztes Mal" sehen …

In der Silvesternacht 2006/2007 vertraut sich Marlene vor der großen Reise ihrem Tagebuch an. Unter der Überschrift „Am Ende ist nur noch große Liebe!" schreibt sie:

„In wenigen Stunden geht es in ein neues Jahr. Heute ist mal wieder ein Tag, an dem ich gerne an das Gewesene denke. War alles gut? In wenigen Wochen werde ich 85 Jahre alt. Doch vorher fliege ich wieder einmal nach Chile zu meiner Schwester.
Ich denke an mein Elternhaus, an die schönen gemeinsamen Jahre, aber auch an das, was uns trennte. Ich denke auch an meine sieben Geschwister. Da gäbe es unendlich viel zu erzählen. Doch heute denke ich in besonderer Weise an Anni. Wir beide sind gut vier Jahre auseinander. In der Kindheit habe ich sie nicht besonders geliebt. Sie war die Beste in der Schule, sie lernte und lernte. Oft wurde sie mir und uns als leuchtendes Beispiel vorgeführt. Das machte uns natürlich wütend. Anni wurde – wie sollte es anders sein? – Lehrerin. Und ich? Ich musste schon eher hin und wieder ermahnt werden und mir ein Beispiel an Anni nehmen. Diese genoss das auch und hatte immer etwas an mir herumzumeckern. Dazu gab es noch Gertrud, meine 15 Jahre ältere Schwester, die besonders streng mit mir war. Wie oft rannte ich damals zu meiner geliebten Mutter, um mich zu beschweren!
Meine Brüder Albert, Franz-Josef und Hans waren alle lieb. Über die konnte ich mich nun wirklich nicht beklagen.
So gingen die Jahre dahin. Wir gingen auseinander, dann schweißte uns wieder der Krieg zusammen. Nach dem Krieg musste ich von Anni Abschied nehmen. Das war sehr, sehr bitter. Es begann die große, lange Zeit der endlosen Briefe – damals war das Telefonieren noch nicht zu bezahlen.
Die neue Situation machte alles vergessen. Ärger, Neid und all die kleinen und großen Zwistigkeiten waren wie weggeblasen!
Längst sind nur noch wir zwei am Leben.
Bald ist es wieder soweit. Mein dreizehnter Flug! Gut, dass ich nicht abergläubisch bin, denn sonst würde ich zu Hause bleiben.
Und nicht nur in der Nähe des Himmels, sondern auch in den beiden Schwesterherzen gibt es nur eines: große Liebe!"

Wer so schreibt, kann sich glücklich schätzen!
Marlene H. hat, von einigen Irritationen abgesehen, Glück gehabt mit ihren Geschwistern! Anni ist ihr bis ins hohe Alter treue, wenn auch entfernte Weggefährtin. Die Strenge der noch bedeutend älteren Schwester Gertrud war schon im jungen Erwachsenenalter vergessen und schlug sehr bald in große Dankbarkeit um, da diese bei den Eltern geblieben war und sie bis zu ihrem Lebensende versorgt hatte. Die Brüder hatten ihr „Schwesterchen" stets auf Händen getragen und den Kontakt zu ihr und ihrer Familie bestens gepflegt. Es fehlte nie an geschwisterlicher Liebe.

So speziell der Lebenslauf der alten Dame aus dem Ruhrgebiet, wie jeder andere auch, sein mag, so typisch ist er: Geschwister sind im Leben eines Menschen von unterschiedlicher Bedeutung; Nähe und Distanz wechseln sich ab, Not schweißt zusammen, Krisen sorgen für Verwirrung, … und am Ende steht – in den meisten Fällen zumindest – die Versöhnung.
Auf Grund der gewonnenen positiven Erfahrungen machte Marlene H. das für sie überzeugende Konzept ihrer Eltern sehr früh zu ihrem eigenen und entschloss sich, selbst eine Familie zu gründen, in der möglichst viele Kinder in geschwisterlicher Liebe zusammen groß werden sollten. 1944, noch mitten im Krieg, heiratete sie und schenkte im Laufe der folgenden Jahre fünf Kindern das Leben. Gabriele, Ulrike, Petra, Michael und Thomas. Gabriele und Petra starben noch als Kleinkinder, da die Möglichkeiten der Medizin damals nicht so ausgereift waren wie heute. Ulrike, 1945 geboren, Michael, Jahrgang 1954, und Thomas, der sich gut ein Jahr nach der Geburt des ersten Sohnes der Familie hinzugesellte, leben noch heute.
Thomas, der „Benjamin", das „Nesthäkchen", ist der Verfasser dieses Buches …

Die Jeans im Lichtkasten, August und der Herr Major

Ich stehe bis zum heutigen Tage in dem Ruf, ein geduldiges, selten rebellierendes Kind gewesen zu sein. Eine schwere Erkrankung meiner Mutter, während sie mit mir schwanger war, muss in mir sehr frühzeitig ein Gefühl von Dankbarkeit dafür geweckt haben, dass Mutter und Kind Krankheit und Geburt überhaupt überstanden hatten. Dementsprechend konsequent war mein sich daran anschließendes Auftreten: Ich zeigte mich genügsam (leider zunächst auch in schulischen Dingen …), ging allen möglichen Fettnäpfchen aus dem Weg, die meinen Eltern Kummer hätten bereiten können, tat mich aber andererseits schwer, von der Vorstellung abzulassen, dass das Leben grundsätzlich und immer gefährlich ist.

Meine Schwester und Erinnerungen an die Kindheit kann ich nur sehr bruchstückhaft zusammenbringen, da der Altersunterschied so groß war. Sehr gut weiß ich noch, dass sie des Öfteren auf mich bzw. meinen Bruder aufzupassen hatte, was sie natürlich davon abhielt, die Dinge zu tun, die einem Mädchen in dem Alter bedeutend mehr Freude machen. So kam es, dass sie sich zur Erlangung ihrer ersehnten Freiräume früh gezwungen sah, verbotene Wege zu gehen. Dies wiederum sorgte für den Groll meines Vaters und für Sorgenfalten auf der Stirn meiner Mutter. Ulrike war dabei in ihrem Widerstand überaus kreativ. So versteckte sie die zu ihrer Jugendzeit noch verpönten Jeans im Lichtkasten auf dem Flur unseres Wohnhauses, verließ zum Wohlgefallen ihrer Eltern mit geflochtenem Pferdeschwanz und in adretter Kleidung die Wohnung, um diese dann im Aufzug, den sie zwischen zwei Etagen zum Stoppen brachte, gegen die neumodischen Beinkleider einzutauschen. Das Haar wurde gelockert, dann machte sie sich auf den Weg und traf Freundinnen und Freunde. Mit der Rückkehr nach Hause, deren Zeitpunkt stets Anlass für Debatten gab, folgte das gleiche Spiel mit umgekehrtem Vorzeichen.

Meine Schwester verließ dann auch recht früh das Elterhaus und stellte sich auf eigene Beine. In meiner Jugendzeit verbrachte ich wiederholte Male meine Ferien bei ihr und ihrer Familie und lernte sie erst dann so richtig kennen und schätzen. Das mittlere Erwachsenenalter brachte uns dann ein weiteres Stück näher zusammen – zum Glück!

Über lange Jahre betrachtete ich das Zusammensein mit meinen Geschwistern als natürlichste Sache der Welt, stellte keine Fragen und nahm geduldig in der Familie den Platz ein, der für mich vorgesehen zu sein schien. Gelegentliche Reibereien mit meinem Bruder waren mir eher unangenehm, da sie so wenig dem mütterlichen Gebot entsprachen, dass wir doch froh sein sollten, einander zu haben, und deshalb möglichst nicht zu streiten. „Sei brav

und behutsam!" war meine Devise, und ich schritt eher verzögert als pfeilschnell durch den Alltag, was mir den Ruf des „Träumerchens" einbrachte. Meine Oma, die in meinen Kinderzeiten oft bei uns weilte, brachte mich zur Erheiterung der übrigen Erwachsenen oft in Verbindung mit einem verschlafenen Kalfaktor namens August auf einem Hof in ihrer Heimat und kommentierte zum Beispiel mein morgendliches Erscheinen mit dem Ausspruch: „August ist auch schon da!" Ich schlief gerne länger …
Dies war nicht bös gemeint, wollte sie doch lediglich meinen damals unzweifelhaften Hang zu Tagträumereien humorig kommentieren. Es war eher der Versuch einer Abgrenzung gegenüber meinem Bruder, der als „nervöses Hemd" galt, pausenlos beschäftigt sein musste und seine Umwelt mit bohrenden Fragen fast zur Verzweiflung brachte. Es war eine Art Charakterzuschreibung, die damals noch weitaus unkritischer vorgenommen wurde; heute weiß man, dass derlei Etiketten schnell zu Selbstläufern werden und manchmal wie ein Fluch an einem haften können.
Ich jedenfalls stand dem „August" von Beginn an höchst zwiespältig gegenüber: Einerseits lud er mich ein, den Kokon nicht abzuwerfen und meine Unbeholfenheit zu kultivieren, andererseits empörte es mich, mit einem Menschen verglichen zu werden, der vieles oder vielleicht sogar alles im Leben verschläft. Abgesehen davon fand und finde ich den Namen August abscheulich. Kurzum: Ich wollte kein „August" sein – und ein dummer schon gar nicht!

Sehr genau erinnere ich mich, wann und wo ich erstmalig in einer reflektierenden, kritischen, Fragen zulassenden Weise über meine Beziehung zu meinen Geschwistern nachdachte.
Es war zu Zeiten, in denen sowohl mein Bruder als auch ich studierten. Michael, beruflicher Hoffnungsträger der Familie, studierte Medizin, ich hatte mich nach drei praktischen Jahren in einem Krankenhaus für eine Pädagogenlaufbahn entschieden.
An einem Morgen saßen wir, wie so oft, in der Diele unserer geräumigen Wohnung am Tisch. Mein Bruder saß vor Kopf und trank Tee, ich saß an einer der Seiten und trank Kaffee.
Die Zubereitung eines Tees war für meinen Bruder stets eine besondere Prozedur – es durfte keine x-beliebige Marke sein, das Befüllen des Teeeis kam einer Zeremonie gleich; er nahm Kandis, keinesfalls Zucker, selbst das Rühren mit dem Löffel war ein Ritu-

al. Ja, es war schon etwas Besonderes, und ich kam mir recht mickrig vor mit meinen zwei gehäuften Löffeln Kaffee einer mir unwichtig erscheinenden Marke, die ich mehr oder minder lieblos in die Filtertüte gab, um mal eben auf die Schnelle heißes Wasser darüber zu gießen. Kein Zweifel: Michaels Start in den Tag hatte dagegen etwas Besonderes, etwas Zackiges ... „Herr Major trinkt Tee!" pflegte meine Mutter immer in Anspielung auf eine verstorbene Cousine zu sagen, die ihrer Tante, der Mutter meiner Mutter also, auf diese Weise anlässlich eines gemeinsamen Kaffeetrinkens in Kriegszeiten zu verstehen gegeben hatte, dass ihr Mann befördert worden war. Dies sagte meine Mutter stets mit einer Mischung aus Witz und Stolz.

An jenem Morgen studierte ich meinen Bruder mit besonderer Wachsamkeit. Plötzlich sah ich mich einer Fülle von Fragen ausgesetzt, die mir bis zu dem Zeitpunkt eher unwichtig erschienen waren, die ich ignoriert hatte. Ich verspürte eine große Irritation, die daher rühren musste, dass mein Bruder, der mir bis dahin kaum hinterfragtes Vorbild war, etwas von seinem Glanze einzubüßen schien. Oder war es die Missgunst, die an meine Seele klopfte?
Es stieg in mir hoch. Wieso, mit welchem Recht bzw. in wessen Namen kam und kommt mein Bruder Michael seit Jahr und Tag aus dem größeren Zimmer dieser Wohnung, um nach dem Frühstück zunächst das bessere Gymnasium der Stadt zu besuchen und um später dann im Anschluss die Universität mit dem sicherlich attraktiveren Abschluss zu verlassen? Was ist mit mir? Wo bleibe ich? Ich war perplex, verärgert über mich und meine Eltern, unbändig wütend auf meinen Bruder, den „Herrn Major", der wieder einmal da saß, seinen Tee schlürfte und mit sich und der Welt im Reinen zu sein schien, da Großes auf ihn wartete. Während dessen saß „August" unmittelbar daneben und hatte wieder einmal das Gefühl, abgefahrenen Zügen hinterher zu blicken.

Der Grundstein für die Beschäftigung mit der Beziehung zwischen Geschwistern war gelegt. Wenige Tage später bot ich – ich hatte mit dem Verfassen kleiner Beiträge für zwei Studentenzeitschriften begonnen – einen Artikel mit eben dieser Thematik zwei Redaktionen an. Die Verantwortlichen fanden das Thema allerdings zu sentimental und wiesen mich mit meinem Manuskript kurzerhand ab. Ich hatte mein Thema nicht hartnäckig genug vertreten – der „August" in mir hatte mich zu schnell wieder in Besitz genommen.

Heute bin ich klüger!

Der Mann vom anderen Stern

Die endgültige Entscheidung zu diesem Buch fiel ausgerechnet auf einer Beerdigung.
Nach dem plötzlichen Tod eines lieben Nachbarn ergeht die Einladung zur Teilnahme an Gottesdienst und Beerdigung an mich.
Da der Verstorbene nie einer Fliege hätte etwas zu Leide tun können, ist es für mich eine Selbstverständlichkeit, dieser nachzukommen.
Die Zahl der Trauergäste ist überschaubar – die engste Familie, ein paar Verwandte, Nachbarn und einige Männer aus den Vereinen, in denen der liebe Nachbar aktiv war. Vom Gesicht her sind mir alle bekannt, schließlich leben wir auf einem Dorf …
Da ich nicht zum unmittelbaren Kreis der Trauernden gehöre, halte ich mich etwas zurück und setze mich in eine der hinteren Reihen. Der Gottesdienst ist würdevoll, der Pfarrer findet die passenden Worte zur Person eines wertvollen Menschen.
Deutlich zu spät öffnet sich mit lautem Knarren die schwere Portaltür der Kirche. Ich schaue mich verstohlen um und sehe, wie ein älterer Mann die Kirche betritt und ungefähr auf meiner Höhe stehen bleibt. Er kommt mir unbekannt vor. Der Herr verfolgt sehr aufmerksam das Geschehen am Altar, lauscht den Worten des Geistlichen mit großer Aufmerksamkeit und blättert etwas ungelenk in dem Gesangbuch.
Sehr frühzeitig vor Beendigung des Gottesdienstes schleicht er geradezu aus der Kirche heraus. Sein Verhalten stimmt mich nachdenklich.

Vor der Kirche formieren sich die Gläubigen zum Gang zum Friedhof. In der Friedhofskapelle werden noch einige Gebete gesprochen und Lieder gesungen. Dann begleitet die Trauergemeinde den Toten auf seinem letzten Weg.
Ich folge den Menschen im gebührenden Abstand und beob-

achte gerührt die auch einen Außenstehenden ergreifenden Szenen. Zum Schluss trete ich als Letzter ans Grab und halte davor einen Moment inne. Ich wende mich ab und trete in an die Seite.
Die Trauergemeinde ist fast schon im Begriff sich aufzulösen, als der Mann, der zuvor schon verspätet in der Kirche erschienen war, auf das offene Grab zugeht. Da ich seitlich stehe, kann ich sein Gesicht sehr gut erkennen.
Der offensichtlich nicht nur mir Unbekannte steht da und starrt auf den mit Erdreich und Blumen bedeckten Sarg. Sein Blick spricht Bände. Wirkte er zuvor in der Kirche auf mich noch etwas unsicher und abgelenkt, so zeigt er jetzt eine Wachsamkeit, die weit entfernt ist von einer halbherzigen oder gar von Routine gefärbten Teilnahme an einer Trauerfeier. Mit großen, müden und sehr traurigen Augen blickt der Fremde in das offene Grab. Seine zuvor noch ruhige Hand zittert, als er mit der bereitgestellten Schaufel Erde auf den Sarg geben will. Der Mann dreht sich um, senkt den Kopf und geht mit zügigem Schritt vom Grab weg. Man hört ihn laut schluchzen.

Nach dem im Ort obligatorischen Beerdigungskaffee gehe ich auf die Frau des Verstorbenen zu, die bei aller Trauer erleichtert darüber ist, dass ihr Mann Erlösung gefunden hat, denn eine heimtückische Krankheit hatte ihn über Jahre gequält.
Die Frau wirkt sehr aufgeräumt, scheint geradezu erleichtert darüber, dass sie alles geschafft hat. Sie zeigt sich auch hoch erfreut, dass alle gekommen sind, die ihren Mann gekannt und geschätzt haben.
Bei der Gelegenheit komme ich auf den Mann am Grab zu sprechen, der so schnell wieder verschwunden war.
„Ich kannte den Herrn nicht, der ganz zum Schluss am Grabe Ihres Mannes stand. Wer war das eigentlich?", lautet meine Frage.

Die Nachbarin zögert.
Dann sagt sie leise: „Das war der Bruder meines Mannes …"
Ich reagiere überrascht. „Der Bruder? Ach, der wohnt bestimmt ganz woanders, denn gesehen habe ich ihn hier noch nie."
„Nein, nein", so die Antwort der Nachbarin, „er wohnt schon seit Jahrzehnten am anderen Ende des Dorfes … Wissen Sie, das mit ihm und meinem Mann ist damals irgendwie auseinander gegan-

gen. Warum, weiß nicht einmal ich! Mein Mann hat nie darüber gesprochen. Für ihn war sein Bruder ein Mann von einem anderen Stern!"
Ich wechsle noch ein paar Worte, dann mache ich mich auf den Heimweg.
Ich bin sprachlos.

Wie ist es möglich, dass sich Beziehungen zwischen Geschwistern derart unterschiedlich entwickeln? Wieso halten die Bande zwischen Marlene und Anni bis an deren Lebensende? Wieso ist der Nachbar seinem leiblichen Bruder ein Leben lang aus dem Weg gegangen? Was ist passiert? Was kann getan werden, um derartige Entgleisungen zu verhindern?

Während die einen glücklich und zufrieden mit ihren Geschwistern leben, sich in wichtigen Lebenslagen begleiten und einander nicht missen möchten, sind für die anderen Bruder oder Schwester ein rotes Tuch, Anlass zu lebenslangen Fehden – bis hin zum Gerichtsstreit.

Wenn Geschwister sich aus dem Weg gehen, so mag dies auf den ersten Blick nicht sonderlich problematisch sein. Es gibt sie halt, die Familienmenschen und die Eigenbrötler, die am liebsten alles alleine machen oder „schlimmstenfalls" ein paar Freundinnen und Freunde hinzu rufen.
Fest steht allerdings, dass sehr viele Menschen unter versteckten oder offenkundigen Spannungen mit Bruder oder Schwester unsäglich leiden. Sie schleppen Fragen und unausgesprochene Dinge über Jahre und Jahrzehnte mit sich herum. Es gibt sogar Menschen, die hierüber seelisch schwer erkranken!

Zum Glück und endlich treten Geschwisterbeziehungen seit einigen Jahren wieder in das Interesse der Menschen und auch der Forschung. Bis dahin war ein zentraler Aspekt des zwischenmenschlichen Miteinanders sträflich vernachlässigt worden, galt das besonders gute Verhältnis zu Bruder oder Schwester schon fast als altmodisch bzw. wenig emanzipiert; in die Brüche gegangene Beziehungen zu Geschwistern betrachtete die Mehrheit als zu vernachlässigen, da nicht wichtig.
Geschwister, so hieß es, sind zu ersetzen; das Leben in Freiheit,

losgelöst von familiären Zwängen und dem Ballast der Vergangenheit, hat weitaus mehr zu bieten!
Weit gefehlt!
Geschwister begleiten uns ein Leben lang – ob wir wollen oder nicht!
Geschwister haben einen entscheidenden Anteil an unserem Werdegang, an unserer Identitätsbildung. Sie haben uns beeinflusst in unseren Entscheidungen für oder gegen etwas, und sie sind stets präsent, auch wenn sie in großer Entfernung von uns leben.

Dieses Buch will die Einmaligkeit und die Besonderheit dieser Beziehung wieder in Erinnerung rufen. Es will denen, die sich oft zu ihren Geschwistern Fragen stellen, aber kaum Antworten finden, eine Orientierung bieten. Es wird historische Entwicklungen aufzeigen, die Geschwisterbeziehung in den einzelnen Lebensphasen unter dem Gesichtspunkt möglicher Spannungsherde noch einmal Revue passieren lassen, erwählte Rollen hinterfragen und ganz besonders die Bedeutung der Eltern kritisch beleuchten. Hierbei nimmt es Bezug auf die neuesten Erkenntnisse aus der Familienforschung und aus der Entwicklungspsychologie und präsentiert die Ergebnisse knapp und in verständlicher Form.
In der zweiten Hälfte geht es den Ursachen für versteckte oder offenkundige Konflikte und Spannungen zwischen Geschwistern auf den Grund.
Schließlich führt es jene auf neue Pfade, die sich auf den Weg machen wollen, Bruder oder Schwester wieder neu zu entdecken oder gar zurück zu gewinnen.

Letztens fand ich an einem Postkartenstand ein Bild von zwei jungen Mädchen. Man konnte nur die Hinterköpfe sehen, einen blonden und einen dunklen, die aneinander lehnten.
Dieses Bild erinnert mich an meine Kindheit und im Besonderen an meine Schwester.
Meine Schwester ist drei Jahre jünger als ich, und wir haben alles zusammen gemacht. Sie gehört zu den wichtigsten Menschen in meinem Leben.
Ich kann ihr alles erzählen, und sie ist zwar nicht immer meiner Meinung, aber sie hört mir immer zu. Die beiden gegensätzlichen Haarfarben erinnern mich daran, dass meine Schwester und ich sehr unterschiedlich sind.
Ich bin eher ruhig, besonnen, und meine Schwester ist sehr extrovertiert und temperamentvoll. Aber die zusammengesteckten Köpfe zeigen auch, dass wir immer zusammenhalten und füreinander da sind, mit all unseren Freuden und Problemen.
Inzwischen hat sich unsere Beziehung zueinander verändert. Ich bin zum Studieren nach Flensburg gezogen, und wenn ich zu Hause bin, verbringe ich viel Zeit mit meinem Freund.
Man merkt, dass auch sie älter geworden ist. Sie macht nun ihr Abitur und beginnt im Oktober wahrscheinlich ihr Studium in Heidelberg. Dadurch wird die Distanz sich noch weiter vergrößern. Oft denke ich, dass wir uns dadurch auseinander leben könnten, doch weiß ich auch, dass eine Geschwisterbeziehung etwas Besonderes ist. Für uns beide ist wichtig, dass wir über unsere Eltern eine große Familie haben, die viel miteinander unternimmt und sich immer unterstützt. Ähnlich stelle ich es mir in der Zukunft mit meiner Schwester vor.

(Maya, 21 Jahre)

Ich habe das große Glück, zwei Geschwister zu haben! Nicht immer ist alles friedlich. Hin und wieder knallt es auch heute noch zwischen uns. Genau diesem Umstand aber verdanken wir es, dass wir selbst in den schwersten Momenten dennoch einen Ansprechpartner mit einer anderen Sichtweise an unserer Seite haben. Wer diese Erfahrung macht, wer erlebt, dass er sich entfernen, dann jedoch auch wieder zurückkehren kann, der wird viel gewinnen!

(Peter van der Meulen, 39 Jahre)

1. Annäherung an den Begriff

„Bruder" oder „Schwester" bezeichnen im indoeuropäischen Sprachraum die „brüderliche" oder „schwesterliche" Zusammengehörigkeit in sozialen Gemeinschaften. Es waren die Griechen, die als erste den neuen Begriff der „Geschwisterlichkeit" im Sinne einer leiblichen Verwandtschaft von Bruder und Schwester bildeten. Dabei wurden Brüder und Schwestern als leibliche Geschwister durch dasselbe Wort bezeichnet; lediglich die Endungen unterschieden sich (*adelphós / adelphi* = demselben Mutterleib entstammend). Auf diese Weise bringt das griechische Wort sowohl die Unterschiedlichkeit als auch die Nähe zwischen Geschwistern zum Ausdruck. Unser Begriff „Geschwister" vermag diese Unterscheidung nicht in dem Maße zu leisten.
Im Französischen heißt es „frères et sœurs" für „Geschwister"; „fraternel" kann „geschwisterlich", „brüderlich" und „schwesterlich" bedeuten. Viele weitere europäische Sprachen bildeten kein dem deutschsprachigen entsprechendes Wort für Geschwister. Somit wird klar: Unsere Kultur kennt keinen einheitlichen Begriff für Geschwister; die gleichen geschwisterlichen Beziehungen werden durch Hervorhebung jeweils anderer Eigenschaften recht unterschiedlich benannt.
Gerade mal in einem Fünftel der menschlichen Kulturen sind die Begriffe „Bruder" und „Schwester" üblich. Hinzu kommt: Wer die Begriffe benutzt, bezeichnet häufig nicht nur die leiblichen Geschwister damit. In verschiedenen Regionen der Erde zählen zum Beispiel Cousins und Cousinen dazu, in einigen afrikanischen Gesellschaften werden auch gute Freunde und enge Nachbarn auf diese Weise bezeichnet.

In Deutschland hatte im Jahre 1870 jede Frau im Durchschnitt fünf Kinder, im Jahre 1970 waren es nach Angaben des Statistischen Bundesamtes nur noch zwei. Der aktuelle Trend ist relativ eindeutig: Viele Paare verzichten zunehmend ganz auf Kinder, oder sie planen eine Familie mit mindestens zwei Kindern. Blieben von den zwischen 1930 und 1950 geborenen Frauen nur zehn Prozent kinderlos, so ist davon auszugehen, dass von den nach

1965 geborenen Frauen voraussichtlich jede dritte kinderlos bleiben wird.

Ebenso haben sich grundlegend die familiären Strukturen bzw. Formen des gemeinsamen Lebens verändert. Immer mehr Kinder müssen sich in Pflegefamilien, Adoptivfamilien und den so genannten Patchwork-Familien auf nichtbiologische soziale Geschwister einlassen.

Inzwischen wächst zwar bei uns jedes vierte Kind ohne Bruder oder Schwester auf; doch immer noch über 14 Millionen Jungen und Mädchen und weitaus mehr Erwachsene bereiten sich Tag für Tag als Geschwister Freud, aber auch Leid.

Unabhängig von sprachlichen bzw. kulturellen Unterschieden fasziniert das Thema seit Bestehen der Menschheit. Mit der biblischen Geschichte von Kain, der aus Eifersucht die Hand gegen seinen Bruder Abel erhob, haben in zahllosen schriftlichen Überlieferungen der zivilisierten Menschheit die Beziehungen zwischen Geschwistern eine bedeutende Rolle gespielt. Wir kennen die Geschichte von Josef, der von seinen älteren, eifersüchtigen Brüdern verkauft wurde, Hektor von Troja, der sich für seinen Bruder Paris opferte, uns sind die Schilderungen über Kastor und Pollux sowie über Kassandra und ihre Geschwister durch die Lektüre in Schulzeiten vertraut. Literarische Werke aus vielen Jahrhunderten stellten das Schicksal von Geschwistern in Sagen und Märchen (vor allem die Gebrüder Grimm), Erzählungen und Romanen, Dramen und Novellen in den Mittelpunkt und konfrontieren uns bis zum heutigen Tage mit sehr tiefen menschlichen Gefühlen, mit Fragen von Vertrauen und Nähe, aber auch Hass, Entfremdung, Feindschaft und Ablehnung.
Und auch in der zeitgenössischen Literatur sorgt die Thematik immer wieder für interessierte Leserinnen und Leser.

Dramatische Brudergeschichte
Zehn Jahre hat der österreichische Autor Christoph Ramsmayr an seinem vierten, großen Roman „Der fliegende Berg" gearbeitet, der 2006 erschien. Er erzählt, angeregt durch die Freundschaft mit dem Bergsteiger Reinhold Messner, die er-

greifende Geschichte zweier irischer Brüder, die von der grünen Insel aus in die archaische Bergwelt Osttibets aufbrechen. Sie träumen davon, einen bislang unentdeckten Berg zu besteigen, den geheimnisvollen „Kham-Phur-Ri", den „fliegenden Berg". Sie finden den geheimnisvollen Berg tatsächlich, allerdings kehrt nur einer der beiden Brüder, der Ich-Erzähler, von der gefahrvollen Expedition zurück.

In einem Interview, zu den Beweggründen für diesen Roman befragt, gibt der Autor u. a. zu verstehen:

„Ich bin selber einer von drei Brüdern. Brudergeschichten haben mich fasziniert, seit ich von unserem Dorfpfarrer die Geschichte von Kain und Abel gehört habe. Das Faszinierende an Brudergeschichten ist etwa die Frage, was Brüder füreinander sein können und dass sie – im extremsten Fall – einander auch töten können. ‚Bin ich der Hüter meines Bruders?', antwortet Kain dem allwissenden Jahwe, als dieser ihn nach dem Verbleib seines erschlagenen Bruders fragt. Fragen wie diese führen in die Geschichte der Kriege und Bürgerkriege wie in die von Gewalt überhaupt."

Rivalität zwischen Schwestern
Die niederländische Autorin Margriet de Moor machte mit ihrem ebenfalls 2006 in Deutschland erschienenen Roman „Sturmflut" Schlagzeilen:

Weil Armanda gerade keine Lust hat, ihr Patenkind in Zeeland zu besuchen, bittet sie ihre Schwester Lidy, die ihr sehr ähnlich sieht, an ihrer statt nach Zeeland zu fahren. Lidy wiederum freut sich auf die Abwechslung und braucht nicht lange überredet zu werden. Während Armanda mit dem Mann ihrer Schwester ein Fest besucht, gerät Lidy in die große Sturmflut von 1953, die 2000 Menschen in den Tod riss und die Küstenlinie von Holland für immer veränderte.

De Moor schildert das Schicksal der beiden Schwestern in unterschiedlichem Zeittempo. Während das Leben Lidys nur mehr wenige Stunden dauern wird, nimmt Armanda den Platz der Schwester ein. Sie wird ihren Schwager heiraten und die kleine Tochter Lidys liebevoll aufziehen.

Die Rivalität zwischen den Schwestern wird in diesem Roman nie offen ausgesprochen. Dabei ist Lidy schon betrogen wor-

> den, als sie noch lebte. In jener Nacht, in der Armanda und Lidys Mann das Fest besuchten, waren sich die beiden bereits über ihre gegenseitige erotische Anziehungskraft im Klaren! Armanda hat die störende Schwester, die sie liebte, weggeschickt: ein subtiler, halb unbewusster Verrat mit ungeahnten Folgen.

Berühmte Geschwisterpaare machten und machen Furore.
Die Brüder Auguste Marie und Louis Jean Lumiére führten am 22. März 1895 erstmals vor einem geschlossenen Publikum ihren Cinématographen vor und sind damit, neben anderen, die Väter des Kinofilms.
Die Gebrüder Wilbur und Orville Wright, die im August 1900 ihren ersten Gleitflieger in Kitty Hawk, North Carolina, testeten, waren fast ihr ganzes Leben damit beschäftigt, ihr Patent zu verteidigen – sie gelten heute für viele als die wahren Pioniere der Luftfahrt.

Die 21-jährige Sophie Scholl folgte in den Zeiten der nationalsozialistischen Gewaltherrschaft ihrem älteren Bruder Hans nach München und verteilte für ihn die Flugblätter der „Weißen Rose". Als die Geschwister wegen ihres Widerstands gegen Hitler verhaftet wurden, sagte sie zu ihrem Pflichtverteidiger: „Wenn mein Bruder zum Tode verurteilt wird, so darf ich keine mildere Strafe bekommen."

Robert Kennedy verhalf als Wahlkampfleiter seinem älteren Bruder John Fitzgerald mit zum Präsidentschaftssieg.
Die Liste der Beispiele ließe sich fortsetzen …

> Wir sehen die Geschwisterbindung als – intime wie öffentliche – Beziehung zwischen dem Selbst von zwei Geschwistern: die „Zusammensetzung" der Identitäten zweier Menschen. Die Bindung kann sowohl warm und positiv als auch negativ sein. Bei rivalisierenden Geschwistern, die sich gegenseitig hassen, kann man also durchaus von einer „Bindung" sprechen, wenn sie sich auf der Identitätsebene beeinflussen. Die Geschwisterbeziehung vermittelt ein Gefühl für die eigene, eigenständige Persönlichkeit und ein Gefühl von Konstanz durch das Wissen um Bruder oder Schwester als berechenbare Person. Auch

> wenn die Beziehung unangenehm ist, entsteht das Gefühl einer vertrauten Präsenz, wie schwierig auch immer. (...) Die schwankende Beziehung hat ihren Höhepunkt in Zeiten von Stress und Veränderung. Es gibt Perioden der Ruhe und der intensivsten Aktivitäten, je nach dem jeweiligen Entwicklungsstand der Geschwister. Am deutlichsten sind Geschwisterbeziehungen in Kindheit und Jugend, danach „ruhen" sie, wenn neue Familien gegründet werden und eigene Kinder dazukommen. Sind jedoch die eigenen Kinder erwachsen, wird der Geschwisterprozess wieder aktiviert, vor allem, wenn die alt gewordenen Eltern versorgt werden müssen.
>
> (Stephen P. Bank/Michael D. Kahn)

Geschwister finden auch heute in der breiten Öffentlichkeit viel Beachtung; fast täglich werden uns deren Erfolge, aber auch deren Kämpfe über die Medien ins Bewusstsein gerückt: Wir fragen uns, wie Karl und Theo Albrecht zu den reichsten Männern unserer Nation werden konnten, bewundern Serena und Venus Williams, dass sie sich nach einem Match, das nun mal eine verlieren muss, immer noch die Hand geben können; wir haben uns über Jahre mit der Presse gefragt, wann Ralf Schumacher es endlich einmal leid sein würde, seinem ständig siegenden Bruder Michael lächelnd zu gratulieren; schließlich bewundern wir den Bruder von Thomas Gottschalk, der zwar weniger populär, dafür aber sehr geschickt im Management zu sein scheint.
Hans-Jochen und Bernhard Vogel sind seit Jahrzehnten erfolgreiche Vertreter zweier verschiedener Parteien, Georg Ratzinger macht sich seit Ernennung seines Bruders zum Papst Sorgen um dessen Gesundheit, Herbert Grönemeyer singt sich in die Herzen von Millionen, während sein Bruder Dietrich als kluger Arzt grenzenloses Lob für seine Bücher und gute Auflagen erntet. Die Box-Geschwister Witali und Wladimir Klitschko, die beträchtliche Summen dafür kassieren, dass sie das öffentliche Ausleben von Aggressionen zu ihrem Beruf gemacht haben, präsentieren sich in der Öffentlichkeit in großer Harmonie; vor einiger Zeit brachten sie ihr Buch „Unter Brüdern" heraus.

Das Leben der Prominenten hat unter dem Geschwisteraspekt einen erkennbaren Marktwert, wobei wir in der medialen Vermittlung doch nur von Ausschnitten erfahren, die in der Regel verzerrt sind und zwischen grenzenloser Harmonie bzw. völliger Zerstrittenheit kaum Nuancen zu kennen scheinen.

Das Leben der weniger berühmten Geschwister verläuft nicht in derart spektakulären Bahnen. Erlebte Freude und verstecktes Leid sind nicht der Gegenstand öffentlicher Diskussionen. Dies ist im Grunde als Erleichterung zu werten, denn Geschwisterlichkeit und Privatheit gehören eigentlich zusammen.
Häufig jedoch bleibt in Geschwisterbeziehungen einiges ungeklärt, manches unausgesprochen und vieles im Verborgenen ...

„Geschwister – Die ewigen Rivalen" titelte *DER SPIEGEL* in der Nummer 2 des Jahres 2006 und bediente damit natürlich die Vorurteile jener, die schon immer wussten, dass es mit Bruder oder Schwester nur Ärger geben kann.

Etwas differenzierter stellte es die *Gesellschaft für Konsumforschung* im Juli 2006 dar, als sie festhielt, dass jeder Zehnte in Deutschland neidisch auf Bruder oder Schwester ist:
Über 10 Millionen Deutsche ab 14 Jahren geben zu, auf ein nahes Familienmitglied neidisch zu sein; hierbei ist der Neid unter den Geschwistern besonders ausgeprägt. Jeder zehnte Deutsche bekennt, seinen Brüdern oder Schwestern etwas zu missgönnen. Bei den Unter-Zwanzigjährigen kennt sogar jeder Fünfte solche Neidgefühle. Während andere Verwandte argwöhnisch von 4,0 % beäugt werden, sind die eigenen Eltern nur selten Objektes des Neides (1,5 %). Noch seltener trifft es den Partner oder die eigenen Kinder.

„Geschwister sind besser als ihr Ruf" lautete hingegen ein Artikel im *Mannheimer Morgen* vom 27. Dezember 2005, der hervorhob, dass man in den Familien – unabhängig von der Reihenfolge – mehr dazu übergeht, in jedem Kind etwas Einzigartiges zu sehen.

Die Bedeutung, der Wert von Geschwistern gerät vor allem dann aus dem Blickfeld, wenn Spannungen einsetzen. In Zeiten der Meinungsverschiedenheiten, des Neids neigen wir dazu, unsere Aufmerksamkeit auf das zu lenken, was uns trennt. Plötzlich sehen wir nur noch das, was unvereinbar erscheint, was wütend macht. Dies gilt für alle Phasen unserer so langen Beziehung zu Geschwistern.

Während es sich bei den Reiberein und Zankereien, den heftigen Disputen in Kindheit und Jugend, welche mit Blick auf die Gesamtentwicklung des Menschen durchaus ihren Sinn haben, als wenig hilfreich herausstellt, den „Streithähnen" den hohen Wert der Geschwisterlichkeit in Erinnerung zu rufen, so kann es erwachsenen Geschwistern sehr wohl eine Hilfe sein, sich noch einmal zu vergegenwärtigen, welchen zentralen Stellenwert Geschwister in ihrem Leben und in ihrem Mensch-Werden eingenommen haben. Immer wieder kann man erleben, dass ältere Geschwister, die sich in einem diffusen oder offenen Konflikt befinden, gerade dann die Vergangenheit in Erinnerung rufen, sobald sie merken, dass sie auf der Stelle treten. Dies ist zu beobachten, wenn eine Annäherung unmöglich, wenn es im aktuellen Konflikt keine Lösung zu geben scheint. Bevor dann das Bündnis endgültig gebrochen wird, meldet sich zum Glück meist eine/einer zu Wort, indem sie/er den rettenden Anker wirft:
„Mensch, überleg doch mal, was alles war! ... Was haben wir alles zusammen erlebt? Weißt du noch, wie wir aus dem Fenster über das Dach gestiegen sind, weil Mama und Papa uns nicht erlaubt haben, auf die Feier zu gehen?" Solche und andere Einwürfe sind durchaus keine Sentimentalitäten! Sie machen vielmehr deutlich, dass eine/einer der Beteiligten sich aktuell bewusster und auch dankbarer zeigt, was die gemeinsame Zeit und das in ihr Erlebte bzw. Durchstandene anbelangt.

Mit diesen Rückgriffen auf die Geschwistergeschichte wurde so mancher Knoten zum Platzen gebracht: Die Zerstrittenen lassen sich zurückfallen in die Anfänge ihrer Beziehung, blenden dabei die unter Umständen schon frühzeitig einsetzenden Störungen aus, beleben das Gemeinsame wieder und fangen in diesem innigen Moment der Versöhnung „bei Null an". So können glückliche Momente eines Neubeginns entstehen.

Welche Bedeutung hatten denn Geschwister füreinander in der Zeit vor dem Eintritt in das Erwachsenalter konkret? Der folgende kurze Überblick ist geeignet, Vergessenes oder Unbewusstes in Erinnerung zu rufen. Ganz bewusst wird auf die negativen Facetten wenig eingegangen, da diese in einem späteren Kapitel über Geschwisterrivalitäten noch ausführlich thematisiert werden. Zuvor jedoch sei ein Beispiel angeführt, das sehr lebendig und authentisch beschreibt, wie in einer – trotz allen Turbulenzen – intakten Beziehung zwischen Schwestern die gezielte Erinnerung an die gemeinsamen Tage der Kindheit und Jugend Kraft spendet, die Koalition festigt und Dankbarkeit erleben lässt:

„Meine zwei Schwestern und ich … Das ist so ein Kapitel für sich. Ein Auf und Ab, ein Hin und Her. Darum ist es auch sehr schwer, etwas Besonderes herauszuheben.
Eigentlich ist alles besonders:
– besonders schön!
– besonders lustig!
– besonders schwierig!
– Langweilig wird es nie.
Schließlich sind wir auch alle drei völlig unterschiedliche Charaktere.
Patricia ist die Zweitgeborene, 17 Jahre, dickköpfig, zickig, eine Rebellin, Einzelgängerin, auf ihre eigene Art und Weise sehr liebenswert.
Corinna, das Nesthäkchen, 15 Jahre, streitlustig, eitel, launisch, eingebildet, zum Pferde stehlen und für jeden Spaß zu haben.
Und ich, 20 Jahre, schwer zu sagen: unkompliziert, ironisch, humorvoll, überempfindlich, emotional, launisch, für jeden Unsinn zu haben.
Man sollte meinen, das passt nicht. Aber irgendwie geht es doch, schließlich sind wir ja Schwestern.
An manchen Tagen, als wir noch zusammen wohnten, waren wir ein Herz und eine Seele. Wir planten und verbrachten den Tag zusammen und hatten sehr viel Spaß. Von Differenzen nichts zu spüren.
Doch es ging auch anders! Der Tag begann schon mit Streit – dem Streit ums Bad, um den Föhn, ums Lieblings-T-Shirt, und dann war der Rest des Tages auch meistens nicht mehr zu retten. Wir gingen uns aus dem Weg oder beschuldigten und beschimpften uns gegenseitig.
Irgendwann hat sich alles schlagartig geändert. Wohl als ich ausgezogen bin. So sagt man ja auch, dass die Beziehungen dann besser

werden, wenn man sich nicht mehr so auf der ‚Pelle' hockt. Und so war es dann auch, es gab und gibt kaum noch Streit.
Man versteht sich. Jetzt ist es auch so, dass ich meinen Schwestern viel lieber Gefallen tue. Wir telefonieren oft, erzählen von Problemen, reden über Gefühle, geben uns Ratschläge und lästern natürlich auch.
Es ist so, als wäre eine Barriere gebrochen. Ich empfinde es so, dass meine Schwestern jetzt gemerkt haben, wie schlecht es denn wäre, wenn ich gar nicht mehr da wäre.
Ich war mir dessen immer bewusst. Ohne meine Schwestern wäre es ganz schön langweilig, es würde einfach sehr viel fehlen.
Zum Beispiel das Reden über ‚alte Zeiten', das Lachen. Über das, was man nicht schon alles ZUSAMMEN gemacht hat. Wenn wir darüber sprechen, können wir so manche Hürde zwischen uns nehmen!
Das verbindet ungemein.
Trotz allen Streitigkeiten, wir lieben uns, und wenn es darauf ankommt, halten wir immer zusammen – so, wie es damals auch schon war!"

(Rebekka Ropertz, 20 Jahre)

Als nächste Beziehungsperson neben den Eltern nehmen Geschwister eine wichtige Funktion als „Sozialisationsagenten" ein. In den Bereichen Kognition, Emotionen, Sozialverhalten und Persönlichkeitseigenschaften sind Geschwister einander wichtige „Sparringspartner", mit denen sie die, so *Frick*, „ganze Bandbreite von Gefühlen, Reaktionen und Handlungsmustern ausprobieren, durchspielen und modifizieren können." „Geschwister", so der Entwicklungspsychologe weiter, „bewerten sich, bewundern und kritisieren einander gegenseitig, sagen einander die Meinung, rivalisieren miteinander, streiten, lieben und hassen einander, richten sich aneinander aus, üben Macht aus oder unterziehen sich dem mächtigeren Geschwister, passen sich an, wollen ganz anders sein oder den anderen übertreffen. Geschwister ermöglichen Abgrenzung, Nähe und Selbstwerdung, erlernen kooperative Aushandlungsprozesse."

> Geschwister sind die Hefe im gärenden Teig der Persönlichkeit.
> (Mathias Jung)
>
> Eifersucht ist in Geschwisterbeziehungen der Mörtel für die eigene Identität.
> (Hartmut Kasten)

Klagsbrun weist mit Recht darauf hin, dass die Freiheit, die Geschwister im Umgang miteinander genießen können, und die relative Gleichheit, die durch die Zugehörigkeit zur selben oder ähnlichen Altersgruppe entsteht, eine größere Intimität als in der Beziehung zu den Eltern ermöglicht.

Niemand ist also – dies gilt für die ersten Lebensjahre im besonderen Maße – einem Individuum so nahe wie Schwester oder Bruder!

Geschwister sind uns wichtige Vorbilder, an denen wir uns messen können, die wir bewundern, die uns zeigen, welcher Weg sich anbietet. Damit vermitteln die Großen den Kleinen vitale Anreize, es ihnen gleichzutun. Aus diesem Miteinander entwickelt sich ein lebendiges Geben und Nehmen: Die Großen sind stolz darauf, bereits einiges erreicht zu haben, was sie zuvor noch nicht konnten (z. B. Fahrrad fahren), die Kleinen erleben die Begeisterung dafür, Neues zu erlernen und sich dabei Unterstützung geben zu lassen. Jeder Moment, zunehmend unabhängiger vom großen Vorbild zu werden, gerät dabei zu einem Glücksmoment. Die/der Ältere sonnt sich in dem befriedigenden Bewusstsein, der/dem Jüngeren etwas voraus zu sein und ihr/ihm davon etwas „abgeben" zu können.

Geschwister sind wichtige Verbündete, unzertrennliche Gefährtinnen und Gefährten im „Kampf" gegen den „bösen Rest der Welt". Sie stehen loyal zueinander. Der folgende Text veranschaulicht dies in erheiternder Form:

„Geschwisterliebe entsteht durch die Verbündung von Bruder und Schwester zu einer Front gegen die Eltern. Dies ist nicht so dramatisch und bedrohlich gemeint, wie es klingen mag. Tatsache ist aber,

dass Eltern dazu neigen, zu zweit aufzutreten, das Kind aber in Streitfragen alleine argumentieren muss. Um ein faires Gleichgewicht entstehen zu lassen, zumindest von der Personenzahl her, ist es die Pflicht der Schwester oder des Bruders, die Position des Geschwisterkindes zu vertreten.
Ich habe die Erfahrung gemacht, dass die Meinung meines 7 Jahre älteren Bruders bei meinen Eltern, aber vor allem bei meiner Mutter, bezüglich einer zu treffenden Entscheidung nicht unerheblich ins Gewicht fällt. So sind zumindest manche dieser Entscheidungen zu meinen Gunsten ausgefallen.
Ein ‚Lasst sie doch!' oder ‚Sie kann doch nichts dafür!' meines Bruders konnte eine vor Wut entbrannte Mutter auf Zerstörungskurs erstaunlich schnell in ein zahmes, zugewandtes Kätzchen verwandeln.
Da mein Standpunkt als Halbwüchsige nicht ernsthaft von Bedeutung sein konnte, musste ich andere Strategien zur Festigung der Geschwisterfront ausklügeln. So gehen bis zum heutigen Tage folgende Taten auf mein Konto: Geben falscher Alibis, Ablenkungsmanöver, Täuschungsversuche, Abfangen dubioser Anrufe, Vernichtung von Spuren und Beweismaterial.
Hört sich zugegebenermaßen nach einem Auszug aus der Verbrecherkartei an, aber wer würde das bei einem kleinen Mädchen mit süßen blonden Zöpfen schon zur Anklage bringen wollen?!
Heute sind wir beide erwachsen, und die gemeinsame Front gegen die liebenden Eltern, die immer nur das Beste für uns wollten und wollen, ist überflüssig geworden. Ich denke, wir haben beide die schmerzliche Erfahrung gemacht, dass sich sowohl die ‚Gegner' als auch die ‚Waffen' geändert haben. Aber was hätte uns besser und auf eine schönere Art und Weise darauf vorbereiten und trainieren können?

(Paola Windelschmidt, 25 Jahre)

Geschwister halten uns den Spiegel vor! Und das ist gut so, helfen sie uns damit doch von Beginn an bei der Vermeidung so mancher Panne, vermitteln sie uns doch wichtige Korrekturen, die uns reifen lassen und uns die andere Sicht der Dinge näher bringen.

> Diese weite Welt ist der Spiegel, in den wir schauen müssen, um uns aus dem rechten Blickwinkel zu sehen. Kurz, ich will, dass sie das Buch des Zöglings sei. (Michel de Montaigne)

Bevor uns die Welt auf manchmal ernüchternde Weise Rückmeldungen zu unserer Person gibt, ist es zunächst die kleine, überschaubare Welt der Familie, in der uns solche Rückmeldungen zu unserem Verhalten gegeben werden. Geschwister sind in diesem wichtigen Prozess die ehrlichsten, geradlinigen Lehrmeister! Aktionen erfahren eine Reaktion durch das geschwisterliche Gegenüber und geben Abneigungen, Wünsche oder Bevorzugungen preis. Indem Geschwister auf unser Tun reagieren, sich empören, weinen, sich zurückziehen, aber auch auf ihre Art loben, danken und ermutigen, verhelfen sie zu Menschenkenntnis, die im weiteren und späteren Leben kostbar ist. Sie teilen ihre Gefühle dabei direkter und ungeschminkter mit und verhelfen zu einer – wenn auch hin und wieder schmerzlichen – Erfahrung. Der folgende Text eines mittlerweile 40-jährigen Mannes veranschaulicht dies:

„Als Kronprinz – neben dem gütigen, aber auch strengen Vater – konnte ich mir eine Menge erlauben. Gerade in den ersten Jahren genoss ich dies. Meine beiden Geschwister, ein Junge und ein Mädchen, die ein bzw. drei Jahre jünger waren als ich, störten mich dabei zunächst nicht. Zumindest habe ich nichts davon mitbekommen. Ich dachte, das würde nun so für immer bleiben. Meine Eltern griffen auch nicht großartig ein. Für mich war die Welt in Ordnung. Eines Tages, ich war bestimmt schon 12 Jahre alt, erlebte ich meine Schwester in einer Weise, die mir bis dahin völlig unbekannt war. Am Mittagstisch hatte ich wieder einmal als Zweiter nach meinem Vater nach der Schüssel mit den Kartoffeln gegriffen. Ja, bei uns wurde auf Tradition großer Wert gelegt … Das war für mich nichts Außergewöhnliches – für meine Eltern wohl auch nicht.
Plötzlich wurde meine Schwester völlig aggressiv. Sie griff über den Tisch, um die Kartoffelschüssel an sich zu ziehen. Dabei rief sie nur: ‚Du bist so gemein! Du bist so gemein, gib mir sofort die Kartoffeln!' Sie hatte Tränen in den Augen und war rot vor Zorn.
Meine Mutter regelte das dann auf ihre bewährte Art. Sie hatte immer etwas Beschwichtigendes und konnte es nicht haben, wenn wir uns stritten. Sie versuchte meine Schwester zu trösten und wies da-

rauf hin, dass sie schon noch an die Reihe kommen werde. Im Gegensatz zu früher half dies aber nicht, denn meine Schwester konnte sich nicht fangen. Dann sprach mein Vater ein Machtwort, was die Verzweiflung bei meiner Schwester nur noch steigerte. Merkwürdig, ich kann die Szene bis heute so gut erinnern.
So saßen wir am Tisch, meiner Schwester war der Appetit vergangen, und so richtig schmecken wollte es mir auch nicht mehr. Erstmalig waren mir Wut und Schimpfereien doch nicht mehr so egal. Ich ging dann hinterher zu ihr und wollte was Nettes sagen – das gelang mir dann aber auch nicht so recht. Außerdem wies mich meine Schwester ab.
Es ist schon lange her, aber ich glaube, an dem Tag habe ich zu spüren bekommen, wie ‚fies' ich sein konnte. Ich glaube, von dem Tag an war ich ein wenig rücksichtsvoller."

Mit der Spiegelung von Verhalten fördern Geschwister unsere Empathiefähigkeit, erleichtern uns das Hineinwachsen in eine komplexe Welt und ermöglichen es uns, Motive, Gefühle und Handlungen der anderen (besser) zu verstehen.

> In einer vielfach feindlichen und gefühllosen Welt bieten Geschwister eine wichtige Möglichkeit, Kompetenzen in emotionaler Intelligenz und in der Fähigkeit zur Solidarität zu entwickeln.
>
> (Reinhart Lempp)

In jeder Familie weiß jemand davon zu berichten, dass die Älteren häufig erzieherische Rollen und Aufgaben gegenüber den Jüngeren auszuüben hatten. Dies geschieht mal mit Widerwillen (da zeitraubend), mal verbinden die Größeren damit jedoch auch Gefühle von Stolz und persönlicher Kompetenz, da sie etwas weitergeben können, was sie bereits gelernt bzw. erfahren haben.
Sicherlich sollen Kinder nicht in die Rolle des Mutter- und Vaterersatzes gedrängt werden, im Prinzip ist aber das Anvertrauen von Vorbild, Rat gebenden Aufgaben an die älteren Geschwister die konkrete Anwendung eines uralten Lebensprinzips: Die Jüngeren lernen von den Älteren! Erfahrungen auf diesem Gebiet können dem notwendigen Respekt vor denen, die mehr Lebenserfahrung besitzen (und sei der Unterschied in diesem Fall auch noch so klein), nur zuträglich sein!

Auch hierzu ein Bericht:

„Als ich noch etwas jünger war, habe ich mir öfter von Freunden anhören müssen, ich müsste mehr um meine Rolle als älteste Schwester in der Familie kämpfen. Meistens gingen diese Diskussionen von einem Gespräch über meinen kleinen Bruder aus. So hieß es dann zum Beispiel: ‚Warum sitzt Jakob im Auto eigentlich immer vorne? Du bist doch die Ältere!' Solche Kommentare fand ich zuerst immer übertrieben und dachte: Was mischen die sich da eigentlich ein?

Ich bin zufrieden mit der Rolle, die ich in meiner Familie habe, und hätte gar kein Recht dazu, mich bei meinen Eltern zu beschweren, oder?

Die Tatsache, dass Außenstehende manchmal einen besseren Überblick über Dinge haben, in die sie selbst nicht involviert sind, trieb mir dann letztendlich doch einen Kloß in den Hals. Denn schließlich war mein Bruder für mich der Antimensch überhaupt: klein, fies, neunmalklug, im Endeffekt aber meistens die ‚Unschuld vom Lande'.

Was sich seitdem zwischen uns geändert hat, kann ich nicht genau sagen. Außer, dass sich die so wichtige Verteilung der Rollen verschoben hat. Jeder von uns hat sich mehr oder minder weiter entwickelt. So ist er heute nur noch manchmal der ‚Wolf im Schafspelz', sonst aber für sein Alter recht vernünftig.

Und ich? Ich versuche, so weit es geht, die ältere, Rat gebende, leitende und manchmal auch erziehende Schwester zu sein. Öfter frage ich mich dann, wie er mich eigentlich früher gesehen hat bzw. heute sieht; oder wie es einfach ist, der/die Jüngste zu sein. Vielleicht werde ich das, nach ein paar verstrichenen Jahren, in einem Gespräch zwischen zwei vernünftigen Erwachsenen herausfinden.
(„Sonnenschein", 20 Jahre)

Schließlich sind Geschwister die großen Vertrauten, die sich alles erzählen können – selbst die „schlimmsten und geheimnisvollsten" Dinge!

Hast alles geteilt,
warst mir so nah.
Hast Wunden geheilt,
Dein Blick – immer wahr!

Hast Tränen getrocknet,
die Wunden gekühlt,
hast Wolken verschoben,
stets mit mir gefühlt.

Es gab kein Geheimnis,
Du hörtest mir zu,
bei schlimmen Gedanken
fand ich bei Dir Ruh.

Trugst mit mir die Hoffnung,
nahmst mir alle Not,
mit Dir,
lieber Bruder,
war alles
im Lot!
(Gedicht einer Schwester für ihren erkrankten Bruder)

2. Damals und heute – Geschwisterbeziehungen im Wandel

Es ist davon auszugehen, dass in den vergangenen Generationen Geschwister im Laufe des Heranwachsens in der Familie weitaus weniger Veränderungen erlebten, als es heute der Fall ist. Damals wurde kommentarlos die Versorgung der jüngeren Geschwister den älteren Geschwistern übertragen, sie galten als Vorbilder und halfen ihren jüngeren Brüdern oder Schwestern beim Erlernen der Fähigkeiten und Fertigkeiten, die im Alltag notwendig waren. Die Erwartung an die Jüngeren war in diesem Gefüge völlig klar: Es wurde kommentarlos vorausgesetzt, dass sie sich unterordneten und an dem Modell der Älteren orientierten. Eifersucht, Trotz oder Eigensinn waren nicht erwünscht und wurden mit Bestrafung verbunden.

Werfen wir im Vergleich dazu einen Blick auf in der heutigen Zeit heranwachsende Geschwister, so ist eine deutliche Hinwendung zu mehr Individualität, mehr Partnerschaftlichkeit und mehr Demokratie zu verzeichnen. Anders als früher können sich Geschwister heute entscheiden, ob und was sie miteinander zu tun haben wollen. Dabei sind die Regeln für die Strukturierung der Beziehung unklar und beliebig geworden. Sieht man einmal von den Wünschen und Erwartungen der Eltern ab, so kann jede/jeder mit der Geschwisterrolle so umgehen, wie es ihr/ihm gerade passend erscheint. Für viele ist daher das Geschwisterverhältnis zu einem Verhältnis im Laufe der vergangenen Jahrzehnte geworden, **für** oder **gegen** das man sich entscheiden kann. Es wird somit weniger kritisch beäugt, wenn Brüder und Schwestern eigenständige Interessen und persönliche Vorlieben entwickeln. Geschwisterlicher Streit und auftretende Aggressionen werden längst nicht mehr als Gefahren für den familiären Frieden angesehen, wie es früher noch der Fall war.

Mit Blick auf vor allem über einen längeren Zeitraum bestehende Spannungen zwischen Geschwistern ist festzuhalten, dass allein schon in den strengen Rahmenbedingungen vergangener Jahrzehnte ein Konfliktpotenzial steckt. Jüngere Geschwister, die widerspruchslos den Geboten oder gar Befehlen der älteren Folge zu leisten hatten, tun sich im späteren Leben nicht selten schwer, den damit verbundenen Groll zu verbergen.

3. Die Geschwisterforschung – ein Überblick

Die Beschäftigung mit der Entwicklung von Geschwisterbeziehungen hat im vergangenen Jahrhundert eine eigene wissenschaftliche Disziplin hervorgebracht, die sich Geschwisterforschung nennt. Sie untersucht die Beziehungen zwischen Geschwistern unter verschiedenen psychologischen, historischen und sozialwissenschaftlichen Fragestellungen.
Die Geschwisterforschung orientiert sich an den Faktoren Familiengröße, Position innerhalb der Geschwisterfolge, Abfolge der Geschlechter und zeitlicher Abstand zwischen den Geschwistern. Gegenstand ist der Grad des Einflusses dieser Faktoren auf die Persönlichkeit der untersuchten Individuen.
Andere Ansätze untersuchen die Phasen der Geschwisterbeziehung im Lebensverlauf bzw. die einzelnen Funktionen der Geschwisterbeziehung, Unterschiede zwischen den Kulturen bzw. universelle Gemeinsamkeiten.

Über Jahrzehnte war es gerade in der traditionellen Geschwisterforschung üblich, den so genannten Variablen der Geschwisterkonstellation (Anzahl, Alter, Geschlecht der Geschwister, Altersabstand und die Geschlechtskombination benachbarter Geschwister sowie der Rangplatz in der Geschwisterreihe) hohes Interesse zu widmen.
So wurde der Geburtenrangplatz in Verbindung mit Forschungsthemen wie Intelligenz, Leistungsverhalten, religiöse oder politische Einstellungen gebracht. Zeitweise trieben neben allen erwähnenswerten Überlegungen solche Ansätze auch merkwürdige Blüten; so wurden Tipps in Form einer Eheglückstabelle veröffentlicht, aus der zu entnehmen war, welche Geschwisterkonstellationen für eine Paarbeziehung günstig oder eher ungünstig ausfallen. Eine Arbeit aus dem Jahre 1991 wusste sogar zu berichten, dass Inhaberinnen von Schönheitssalons meistens als zweite Kinder geboren wurden! Ein Buch aus dem Jahre 2004 proklamiert den aus der Sicht des Verfassers gerade-

zu idealen Altersabstand zwischen Geschwistern, der bei sechs bis sieben Jahren liegen soll ...

Arbeiten zu diesen und anderen Fragen füllen ganze Reihen in den Bibliotheken.
Es ist auch kein großes Geheimnis, dass zum Beispiel Eltern erstgeborene Kinder anders behandeln als nachfolgende Geschwister, und es werden durchaus – auch heute noch – Unterschiede gemacht, ob ein Junge oder ein Mädchen geboren wurde. *Kasten* stellt aber dabei mit Nachdruck in Frage, dass dadurch die Kinder „dauerhaft geprägt werden und von einander abweichende Persönlichkeitseigenschaften ausbilden, die ihr weiteres Leben bestimmen." Er resümiert: „Es ist nicht die Geschwisterposition an sich – wie unterstellt wird –, die eine Wirkung ausübt, sondern es sind die mit der Geschwisterposition (mehr oder weniger regelmäßig) verbundenen sozialen, ökologischen und individuellen Verhältnisse, welche letztlich bestimmen, was für Persönlichkeitseigenschaften entwickelt werden."

Eine Einschränkung ist in diesem Zusammenhang jedoch zulässig: Je statischer die Lebensläufe in der Vergangenheit waren, umso wahrscheinlicher sind Verläufe, wie sie die frühere Geschwisterforschung nahe legte. So sorgte der amerikanische Wissenschaftshistoriker Frank Sulloway mit dem 1997 auch in Deutschland erschienenen Buch „Der Rebell der Familie" für Aufsehen. In mehr als 20 Jahren hatte er über 6000 Lebensläufe aus den vergangenen fünf Jahrhunderten untersucht. Seine Fragen lauteten: Warum wird ein Rebell zum Rebellen, ein Kreativer zum Kreativen, und wie gelangt ein Mächtiger zur Macht? Seine Antwort war relativ simpel: Rebellen rebellieren schon als Kleinkinder; sie müssen sich als Spätgeborene durchsetzen und ihre Vorstellungen gegen hergebrachte Familientraditionen durchboxen. Die Erstgeborenen genießen nach seiner Einschätzung einen Vorsprung an elterlicher Zuwendung und entwickeln sich in Folge dessen zu selbstsicheren, mächtigen, verantwortungsbewussten, aber auch konservativen Menschen. Die Kritik an Sulloway: Seine Daten stammen aus Zeiten, in denen der Ältere eine ordentliche Schulbildung bekam und erbte, die Mädchen ohne Abitur blieben und die jüngeren Söhne nach der Volksschule allein weiterkommen mussten.

Während über einen sehr langen Zeitraum den Beziehungen zum Beispiel zwischen Ehepartnern oder Arbeitskollegen größte Aufmerksamkeit geschenkt wurde, wurde den Beziehungen zwischen Geschwistern erstaunlich wenig Bedeutung beigemessen. *Hans Sohni*, Facharzt für Psychotherapeutische Medizin, zeigt sich zu Recht erstaunt darüber und hebt hervor, „dass sich ein Kind, ein Jugendlicher, ein Erwachsener in seiner Entwicklung beziehungsweise in seinem Gewordensein wesentlich im Beziehungskontext seiner Geschwister erschließt." Er schloss sich damit der Auffassung Rudolf Dreikurs', einem Schüler des berühmten Alfred Adler, an, der bereits 1933 wusste: „Man kann ganz einfach kein Kind unabhängig von seinen Geschwistern verstehen."
Alle übrigen Größen aus Psychologie und Entwicklungspsychologie deuteten zwar in ihren Werken die Geschwisterthematik an, räumten ihr jedoch keineswegs den Platz ein, der ihr gebührt.
Jürg Frick, Professor an der Pädagogischen Hochschule in Zürich, sowie *Hartmut Kasten*, Familienforscher und Frühpädagoge an der Ludwig-Maximilian-Universität in München, waren es, die neben anderen engagierten Familienpsychologen mit ihren Veröffentlichungen im deutschsprachigen Raum wichtige Erkenntnisse Eltern und Erziehenden zugänglich machten. Sie haben mit ihren systematischen Arbeiten für manch positive Unruhe gesorgt und auch Therapeuten für ihre Arbeit mit ihren Klientinnen und Klienten Impulse gegeben.

Eine gestörte Beziehung zu Bruder oder Schwester gilt als weit verbreitetes Problem bei Erwachsenen, dem allerdings noch wenig Aufmerksamkeit geschenkt wird. Patienten, die zum Beispiel in einer Psychotherapie über ihr Leben berichten, ignorieren, leugnen oder verharmlosen den Einfluss, den ihre Brüder oder Schwestern auf sie ausgeübt haben. Sie werden, wie es die Therapeuten *Happworth* und *Heilman* ausdrücken, lediglich als „unwichtige Zeugen oder Komplizen" betrachtet. Psychosomatische Beschwerden oder psychische Störungen können die Folge eines solchen unbearbeiteten Geschwisterkonflikts sein.

Übersehener Einfluss
Unzählige geschwisterliche Erfahrungen bilden einen Schatz von Gefühlen, Verhaltens- und Denkmustern, die zur individuellen Ich-Identität, zur Sozial-Identität, zur Geschlechts-Identität wie zur Berufsidentität einen wichtigen, wenn auch unbewussten, übersehenen Einfluss ausüben. (...)
Im Laufe der Jahre übertragen sich dann diese unzähligen Erfahrungen mit Geschwistern, nun schon in bestimmten charakteristischen Verhaltens- und Gefühlsmustern verdichtet (...) auf die Welt außerhalb des engeren Familienkreises, also auf Vorschul- und Schulkameradinnen, Freunde usw. und später auch auf gleichaltrige Erwachsene. Geschwister können also für die individuelle und soziale Entwicklung eines Heranwachsenden, aber auch für den späteren Erwachsenen auf verschiedenen Ebenen von großer Bedeutung sein.
(Jürg Frick)

Beziehung fürs Leben
Geschwisterbeziehungen besitzen etwas Schicksalhaftes, weil man sie sich nicht aussuchen kann, sondern in sie hineingeboren wird. Und selbst wenn Geschwister den Kontakt beenden, sich trennen, ihre Beziehung zu einander wirkt fort.
Geschwisterbeziehungen können nicht beendet werden. Da sie von ihren ersten Lebensphasen an gemeinsam in einem Nest aufwachsen, haben Geschwister eine sehr enge Beziehung zueinander, und je geringer der Altersunterschied ist, desto enger ist die Beziehung.
Vertrautheit, Rivalität, Neid und Eifersucht gibt es unter Brüdern, Brüdern und Schwestern, ebenso wie unter Schwestern.
(Hartmut Kasten)

4. Geschwisterpositionen und mögliche Effekte

Unter dem Vorbehalt, dass auch alles anders verlaufen kann, lassen sich dennoch Trends in Bezug auf die Geschwisterpositionen benennen, die der Erwähnung bedürfen und die gerade mit Blick auf eine Selbsteinschätzung von Belang sein könnten. Dabei betont *Frick*: „Keine Geschwisterposition kann generell als günstiger oder nachteiliger eingestuft werden, jede Konstellation birgt immer je nach individueller Situation Vor- und Nachteile, Möglichkeiten, Potenziale, Herausforderungen, Gefahren, Probleme und fördert entsprechend den Umständen und Gegebenheiten besondere Fähigkeiten und Einstellungen. Es gibt zwar Tendenzen und Trends, aber es gilt immer zu beachten, dass zwischen Familienmitgliedern dynamische Beziehungen bestehen. Die Geschwisterposition stellt immer nur *einen* Faktor dar und umfasst so nur Teile des komplexen Beziehungsmusters zwischen Geschwistern."

Im Folgenden werden die wesentlichen Geschwisterpositionen skizziert. Bei der Beschäftigung mit ihnen lassen sich mögliche Ursachen für direkt oder später daraus resultierende Spannungen oder Konflikte ableiten. Sie mögen auch als Anregung verstanden werden, sich mit der Position des jeweils anderen Geschwisterteils empathisch-konstruktiv zu beschäftigen.
Die Merkmale werden dabei nur im Kern dargestellt. Zur Erhöhung der Verständlichkeit werden Einschübe in Gestalt von Schilderungen vorgenommen, die mir in Seminaren bzw. auf Anfrage zur Verfügung gestellt wurden.

4.1 Die oder der Älteste

Erstgeborene haben es leicht und schwer zugleich. Sie stehen zunächst im Mittelpunkt des Interesses ihrer Eltern, genießen somit die volle Aufmerksamkeit, den vollen Stolz. Hierbei sind von Beginn an die Eltern Vorbilder, von denen sie vieles übernehmen.

Kritisch kann es werden, wenn sich zu dem/der „Großen" ein weiteres Geschwisterchen hinzugesellt. In der Literatur wird diesbezüglich von einem Entthronungserlebnis gesprochen, das darauf zurückzuführen ist, dass sich die/der Ältere zunächst erkennbar schwer tut, mit der neuen Situation fertig zu werden. Damit verbunden ist die Angst, plötzlich nicht mehr im Zentrum des familiären Geschehens zu stehen, zurückgesetzt oder benachteiligt zu werden. Die unter Umständen einsetzende Eifersucht ist dabei als Angst vor dem Verlust zu interpretieren. Das erste Kind ist mit der Geburt eines zweiten nicht mehr unbestritten konkurrenzlos! Ein Geschwisterchen bringt das bisherige Rollengefüge unbestreitbar ins Wanken.

Dennoch ist Vorsicht geboten, einem solchen Ereignis zu große Bedeutung beizumessen. Forschungen haben ergeben, dass sehr wohl das Erstgeborene zu einem liebevollen, von Neugierde und positiven Spannungen getragenen Verhalten gegenüber einem Neuankömmling in der Lage ist.

Eine zentrale Rolle nehmen hierbei die Eltern ein. Ihr Verhalten trägt in einem entscheidenden Maße dazu bei, ob das Älteste die Geburt eines zweiten Kindes als fürchterlichen Einschnitt oder als Bereicherung und Herausforderung erlebt. Wird ihrerseits das Erstgeborene nicht hinreichend auf die neue Situation vorbereitet, wurde es in einem Übermaß verwöhnt und privilegiert, so ist eher mit Komplikationen zu rechnen. Außerdem hat sich erwiesen, dass ein Erstgeborenes mit der neuen Lage besser zurechtkommen kann, wenn der Altersabstand größer ist. Dies ist allerdings gerade bei Geschwistern der älteren Generationen seltener der Fall.

Aus der Perspektive der Nachfolgenden sind die ältesten Geschwister zumeist diejenigen, die als Maßstab hingestellt werden, als „die Vernünftigen", als jene, die im Regelwerk des familiären Alltags schon deutliche Fortschritte gemacht haben.

In späteren Diskussionen über das Gewesene in der Kindheit rückt fast immer ein Aspekt in den Mittelpunkt: Was den Jüngeren, die es auf geschickte Weise verstanden, sich bei den Eltern ins rechte Licht zu rücken, schnell(er) gewährt wurde, haben sich die Erstgeborenen mühsam erkämpfen müssen!

Bei größeren Familien kommt es im späteren Erwachsenenalter bei den Ältesten immer wieder zu Klagen darüber, dass die ihnen übertragene Verantwortung, der ständig auf ihnen lastende Druck, für ein oder mehrere Geschwister zugleich mit verantwortlich gewesen zu sein, eindeutig zu groß war. Jüngere tun sich im Verstehen dieser Not schwer, da sie allzu gern auch mal auf die ständige Präsenz des „großen Vorbilds" verzichtet hätten.

Die Entwicklung einer Beziehung zwischen der/dem Ältesten und einem nachfolgenden Kind kann sehr unterschiedliche Bahnen nehmen. Es gibt jüngere Geschwister, die sich – früher oder später – abrupt oder nach und nach von der erlebten Dominanz verabschieden; es gibt jene, die Zeit ihres Lebens aus dem Groß-Klein-Gefälle nicht herauskommen und auch nicht herauskommen wollen.
Und es gibt jüngere Geschwister, die sich entwickeln, dabei den Bezug zum älteren Geschwisterteil auch in Phasen der bewusst werdenden und vielleicht schmerzenden Unterschiede nicht verlieren und jede Phase des Geschwisterdaseins neu erleben, darüber reflektieren. Ein beeindruckendes Zeugnis gibt der nun folgende Bericht:

Ein Jahr und drei Tage – unser Leben lang
„Annette, die mir immer ein Jahr und drei Tage voraus war, uneinholbar.
Deren vermeintlicher Zwilling ich war, ihr Alter Ego – von außen gesehen, deshalb erst mal auch von mir so gesehen.

Die tolle, fitte, kompetente Annette immer unerreichbar vor der Nase.
Die mir Neid zu schmecken gab, ohne es zu wollen, ohne es zu wissen. Für mich nicht einzuordnende Gefühle, die nicht erlaubt waren.
Es bleibt zeitlebens das wertvolle Gespinst aus Gemeinsamem und Eigenem, aus gemeinsamer Geschichte, aus Kindheitserlebnissen, einer gemeinsamen Sozialisation, aus der gemeinsamen Geschichte mit eben diesen Eltern, in eben dieser Familie, zu dieser Zeit und an diesem Ort.
Es bleibt das Vergleichen bzw. Spüren davon. Es dünnt sich immer mehr aus.
Das deutliche Spüren der Unterschiedlichkeiten, des Eigenen, des Trennenden.

Meine große Schwester: Bereicherung und Herausforderung!
Unsere unterschiedlichen Lebensentwürfe: Sie, die straighte, die konservativere Schwester, die Diplomatin, die Macherin, die zielstrebige und erfolgreiche Schwester.
Ich: die Sucherin, die Ausprobierende, Umwege gehende, Krisen durchlebende, in Bewegung begriffen.
Sie, die ihren ersten Freund mit 22 heiratete, ein Haus baute, Kinder bekam. Kontinuität – räumliche und menschliche.
Ich, die ich Zeiten voller Trubel in verschiedensten Konstellationen durchlebte: Umzüge, Brüche, Neuanfänge. Die ich mit 32 meinen Mann zum Bleiben bekam. Meine Heimat.
Sie: die Tatkräftige, Gebende, Macherin, die Kompetente, für andere Da-Seiende.
Sich selbst nicht wirklich zeigend. Die Aktivistin, bei der wenig Raum fürs Sein und für wirkliche Gespräche bleibt.
Ich: suchend, tastend, ausprobierend. Meine neue Wirklichkeit immer neu austarierend. Mehr Sein als Tun. Durfte und musste das Nehmen lernen, obwohl Geben vielfach einfacher ist.
Unser Weg, der so nah und gemeinsam begann, und lange Jahre eng mit-, hinter- und gegeneinander verlief. Dieselben Hobbies, Freunde, Schule. Wenig Raum für Eigenes, für Individualität.
Wie wichtig sie mir war! Wie sehr ich sie vermisste, als ich mit 15 zum ersten Mal ohne sie meine Ferien verbrachte!
Wahrscheinlich war sie immer wieder der wichtigste Mensch in meinem Leben. Zum Abarbeiten, Ansporn, Abgrenzen. Für inniges Gemeinsamsein.
Unser Weg begann auseinander zu laufen, als sie eine Gemeinde für sich entdeckte, in der ich mich nicht wohl fühlte und in der sie ihren ersten Freund kennen lernte – auf den ich eifersüchtig war.
Ich fühlte mich auf Platz 2 zurückgesetzt – der geplante Urlaub fiel aus, weil sie mit IHM verreiste. So wurde ich in meine Individualität gezwungen – was mir verdammt gut tat.
Ihre Studienzeit, meine Studienzeit. Nicht besonders viele Berührungspunkte: Feiern, Umzüge, Begegnungen mit viel Freude und wenig Zeit.
Ihre erste Arbeitsstelle, ihr neuer Wohnort auf dem Land, der mir fester Anlaufpunkt wird, Wochenendausflugsziel, Ferienort, ‚Landkommune', Refugium.
Unsere Wege treffen sich häufiger und intensiver.
Sie coacht mich während meiner Prüfungszeiten, meiner Zeiten im

*Krankenhaus, meiner diversen Liebeskummer rat- und tatkräftig.
Sie ist mir während vieler Jahre mehr Mutter als meine leibliche Mutter – weil ich ihr Muttersein annehmen kann, genießen kann, es mir gut tut.
Weil sie nah dran ist an mir und weit weg.
Weil wir eine gemeinsame Basis haben und uns in unserer Unterschiedlichkeit bereichern können. Voneinander lernen können.
Wir teilen einen reichen Erinnerungsschatz:
Unser gemeinsamer Urlaub auf Mallorca mit ihren beiden Kindern.
Unser gemeinsames Musizieren: Sie die Geigerin, ich die Bratschistin.
Tausend Konzerte, Feiern, Lieder.
Was ich als riesiges Geschenk von ihr empfinde: Dass sie durch ihr allerschönstes Muttersein mit ihren drei Kindern mir meine Angst vor dem Muttersein genommen hat.
Mein persönlicher ‚schwarzer Freitag': Nach wenigen Wochen an einem neuen Ort und in meinem absoluten Traumberuf muss ich mir eingestehen, dass die soeben diagnostizierte Multiple Sklerose meine Pläne zunichte macht. Dass mir mein Körper nicht erlaubt, so zu leben und zu arbeiten, wie ich es mir wünsche. Dass mein pures Wollen nicht ausreicht, um meine bisherige Normalität zu halten und dieses köstliche Gefühl zu genießen, beruflich endlich angekommen zu sein. Ich muss mich von meinem Traum verabschieden.
Weinend rufe ich Annette an, natürlich sie, als Erste und Einzige, völlig selbstverständlich – meine Schwester, die meine Tränen und meinen Schmerz sehen darf und die stark genug ist, ihn mit mir auszuhalten.
Sie setzt sich in den Zug und ist wenige Stunden später bei mir. Sie plant, organisiert und entwirft mit mir Plan B. Sie ist da, tatenfroh, zuversichtlich und konstruktiv.
Einige Wochen später wohnen wir im selben Dorf, vorübergehend sogar im selben Haus, bis ich in derselben Straße eine Wohnung beziehe.
Wir teilen mehr Alltag miteinander, gemeinsame Mahlzeiten, Leben mit ihren Kindern, im Garten, mit Freunden.
Mein nächster Arbeitsversuch scheitert wieder an der MS, und ich werde in den schmerzhaften Prozess gedrückt zu lernen, dass mein Leben nun absolut anders ist. Dass mir mein Ausdauersport-Kör-*

per abhanden gekommen ist. Dass ich plötzlich im Körper einer uralten Frau lebe, der die Zipperlein des Alterns viel zu früh vorwegnimmt. Dass meine Welt reduziert und langsam geworden ist.
Dieses, mein neues Leben, das so gar nicht zu Annettes kraftstrotzendem, von Energie geladenem, meist lautem und turbulenten Leben passt.
Ich fühle mich geschätzt und willkommen als Familienunterstützerin und -ergänzung.
Und bleibe alleingelassen in meiner Trauer und in meinem Schmerz. Fühle mich nicht gesehen und gewollt mit dem Brocken meiner Krankheit, die sich da so unerwartet breit gemacht hat in meinem Leben.
So lernen wir einander besser kennen durch die räumliche Nähe. Ich bin enttäuscht von ihr. Ent-täuscht ... Annette fällt vom Große-Schwester-Sockel. Ich höre auf, zu ihr aufzuschauen. Vielleicht sind wir endlich auf gleicher Augenhöhe angekommen.
Was gebe ich ihr? Was bekommt sie von mir?
Zeit, Gespräche, Bücher und Ideen, ... mein Anderssein.
Die absolute Gewissheit, dass ich jederzeit Himmel und Hölle für sie in Bewegung setzen würde.
Meine unverlierbare Liebe als ihre Schwester.
Unser Beziehung: ein Mosaik aus unendlich vielen kleinen bunten Steinen. Auch Kieselsteine sind dabei und gehören dazu. Das Bild wächst immer weiter, nimmt neue Formen an, einzelne Teile werden wichtiger, andere unwichtiger, neue kommen hinzu – es ist in Bewegung: unser Leben lang."

(Bettina Röser, 32 Jahre)

4.2 Das zweite Kind

Als Neuankömmling steht das zweite Kind aus verständlichen Gründen zunächst im Zentrum. Die damit verbundenen Sorgen für das erste Kind wurden bereits skizziert.
Das Zweitgeborene erlebt in aller Regel sehr deutlich den Vorsprung des älteren Kindes. Das kann es als Beeinträchtigung empfinden oder als Anreiz. Dem älteren Bruder, der älteren Schwester mit aller Energie nachzueifern, erweist sich in den meisten Fällen als Entwicklungsmotor. Es dem großen Vorbild gleichzutun, das kann ein Anreiz sein!

Eltern können die damit verbundenen Rangeleien und Streitigkeiten so lange in relativer Gelassenheit beobachten, wie Geschwister in diesem Wechselspiel voneinander profitieren: Das ältere Geschwister sonnt sich in dem Gefühl, der/dem Kleinen etwas voraus zu haben; es beobachtet mit Stolz und einem gewissen Vergnügen, wie sehr sich die/der Jüngere anstrengt, auf gleicher Höhe zu stehen, über ähnliche Fähigkeiten zu verfügen.
Ein nicht zu unterschätzendes Konfliktpotenzial entwickelt sich, wenn aus dem sportlichen Wetteifern ein erbitterter Kampf wird. Dieser muss von den Eltern behutsam begleitet, nötigenfalls gesteuert werden, denn sonst droht Ungemach! Gerade in späteren Lebensphasen erinnern Geschwister – nicht selten überpointiert – damalige Konflikte, die in ihrem kindlichen Erleben nicht ausreichend geklärt bzw. von den Eltern nicht entschärft wurden.

> Und immer sind da Spuren, und immer ist einer dagewesen, und immer ist einer noch höher geklettert, als du je gekonnt hast, noch viel höher. Das darf dich nicht entmutigen. Klettere, steige, steige!
> Aber es gibt keine Spitze.
> Und es gibt keinen Neuschnee.
>   (Kurt Tucholsky über das Lebensgefühl des Zweitgeborenen)

Die/der Ältere gibt nur dann gern etwas von seinem Wissen und Können ab, wenn sie/er merkt, dass damit keine Entwertung verbunden ist, dass die Bewunderung durch die/den Kleine(n) nicht völlig in Frage gestellt wird.
Als tragisches Ereignis, das bis in das Erwachsenenalter nachwirkt, ist es zu werten, wenn das zweite Kind ständig das erste Kind „überholt", zum Beispiel besser Klavier spielt, besser im Sport ist, bessere Noten nach Hause trägt und schließlich besser bei anderen Menschen ankommt.

4.3 Mittlere und spätere Kinder

Man weiß nicht so recht, ob man die mittleren Kinder bedauern oder beneiden soll. In der Position der „goldenen Mitte" lässt sich einerseits erkennbar profitieren. Den jüngeren Geschwistern können sie sich als groß (zumindest größer) präsentieren und auch als Vorbilder fungieren; von den älteren können sie Bewährtes lernen und die Fehler vermeiden, die den Großen bereits Ärger und Leid beschert haben.

Mittlere Kinder können sich mit relativer Entspanntheit jene Felder aussuchen, die vom älteren bzw. jüngeren Kind noch nicht besetzt sind. Die auf Grund der Zwischenstellung möglichen vielfältigen Rollenerfahrungen ermöglichen ihm den Erwerb vieler Kompetenzen – so sagt man ihnen nach, dass sie über hohes diplomatisches Geschick und eine ausgeprägte Kompromissfähigkeit verfügen.

Andererseits ergibt sich für das „Sandwich-Kind" auch Grund zur Klage: Sie fühlen sich allein gelassen, weil sich die ältere Schwester/der ältere Bruder mit dem jüngsten Geschwister verbündet, weil das erste Kind für die Eltern zunächst etwas ganz Besonders war und weil mit dem jüngsten Kind wieder jemand Einzug in die Familie gehalten hat, das „besonders süß" und „so schützbedürftig" ist.

Besonders kritisch wird es, konzentriert der Vater sein Interesse zum Beispiel auf den Sohn („mein Ältester"), während die Mutter alle Aufmerksamkeit der oder dem Kleinsten schenkt, die/der schnell zum „Lieblingskind" werden kann.

Ich war im Grunde nie so richtig da!

Im Alter von 38 Jahren gerät Susanne in eine heftige Krise. Sie tut sich schwer, ihre eigenen Bedürfnisse zu definieren, fühlt sich hin und her gerissen zwischen den Ansprüchen, die ihre Kinder an sie herantragen, die zu allem Überfluss aber auch noch ihr Ehemann äußert. Es gelingt ihr nur schwer, sich abzugrenzen, Forderungen unerfüllt zu lassen, ihre Kinder mehr in die Pflicht zu nehmen und ihren Mann auch mal zu enttäuschen. Sowohl Arbeits- als auch der Familienalltag sind davon geprägt, dass Susanne vermittelt, managt. Dieser Zustand steigert ihre Unzufriedenheit. Susanne weiß nicht mehr, wo ihr der Kopf steht!

In einem Gespräch mit der dann schließlich zur Rate gezogenen Therapeutin kommt sie nach einigen Stunden auch auf ihre Situation in ihrer Herkunftsfamilie zu sprechen. Susanne war das mittlere von drei Geschwistern. Der Bruder entwickelte sich sehr schnell zum Unruhefaktor in der Familie: Leistungs-

einbrüche in der Schule, nicht unproblematische Kontakte zu Gleichaltrigen, ... Als dann auch noch die jüngere Schwester Probleme machte, blieb für Susanne kaum noch Raum. Der mütterliche Appell – der Vater war durch berufliche Verpflichtungen kaum präsent – schien dabei eindeutig: Verhalte dich ruhig! Mach du mir wenigstens nicht auch noch Probleme!
Susanne musste sich zwischen dem Ärger über ihren maßlosen Bruder und den Schutzimpulsen gegenüber ihrer hilflosen Schwester positionieren. Mit dem Bruder stritt sie sich, der Schwester bot sie Zuflucht und Orientierung. „Ich war im Grunde nie so richtig da!", klagt Susanne ihrer Gesprächspartnerin. Susanne fühlte sich bis zu ihrem Weggang in eine andere Stadt zerrieben, nicht gehört, ausgenutzt.
Die in der Ursprungsfamilie unfreiwillig bezogene Position übernahm sie unreflektiert in die neu gegründete Familie.
Im Laufe der Zeit lernt Susanne, dies zu ändern. Susanne geht nach und nach besser. Ihr Mann und ihre Kinder können sich nach anfänglichen Verwirrungen mit der „neuen" Frau und Mutter einigen.

4.4 Der oder die Jüngste

Das „Nesthäkchen" erlebt in einer Familie Licht- und Schattenseiten. Es gilt zunächst aus gutem Grund als kleinstes und somit auch schwächstes Familienmitglied und erlebt das, was um es herum geschieht, aus einer Art Froschperspektive. Es muss beeindruckend und belastend sein, wenn alle anderen größer, schneller, geschickter und gescheiter sind. Es gibt Geschwister, die Zeit ihres Lebens diese damit verbundenen Gefühle der vermeintlichen Minderwertigkeit nie so recht „abschütteln" konnten.
Auf der anderen Seite erfahren sie Schutz, Rat, Begleitung und dürfen sich Unzulänglichkeiten gelassen erlauben. Ihre großen Gegenüber sind ihnen Ansporn und Richtmaß. Schnell kann daraus die Haltung erwachsen, es den Großen schon „zu zeigen" – was motivierend sein, aber auch in einen lang andauernden, erbitterten Kampf münden kann.
Die Jüngsten sind es, die in vielen Fällen besonders verwöhnt werden, was verständlicherweise den Zorn der Älteren weckt.

Jüngste Kinder erleben die Situationen mit ihren älteren Geschwistern oft gespalten: Mal werden sie von diesen gehätschelt und liebkost, mal werden sie in die Ecke gedrängt. Zumeist profitieren sie aber von den Schneisen, die für sie durch die Großen geschlagen wurden – was ihnen im späteren Leben den Vorwurf einbringt, nie richtig für mehr Rechte gefochten zu haben.

Die Stellung der/des Jüngsten schließlich ist im hohen Maße davon abhängig, inwieweit es gelingt, sie/ihn in das Netz der Familie ohne besondere Bevorzugung, aber auch ohne (latente) Benachteiligung zu integrieren.

Streiten sich ältere oder alte Geschwister zum Beispiel über damalige Ungerechtigkeiten, so klagen die Jüngsten auch nach vielen Jahren mit hoher emotionaler Beteiligung darüber, dass sie „nie so richtig ernst genommen" wurden, dass sie stets abgelegte Kleidung der größeren Geschwister tragen mussten, dass sie von den Älteren „hin und her geschoben", somit als Ballast empfunden wurden. Jüngere Geschwister haben eine tief verwurzelte Sehnsucht, von ihren älteren Geschwistern ernst genommen zu werden. Bleibt dieser Wunsch auf allen Ebenen unerfüllt, ist der Schmerz groß. Nicht von ungefähr hört man hin und wieder in verbalen Auseinandersetzungen zwischen erwachsenen Geschwistern die von Tränen und Wut begleitete Klage: „Du hast mich doch nie richtig ernst genommen!" Solche Wunden sitzen tief!

Wissenswertes und Kurioses ... gar Fragwürdiges?
- Einzelkinder zeigen die besten Schulnoten, gefolgt von den „Nesthäkchen".
- „Nesthäkchen sind die schwachen Leser in der Familie, weil von Geschwistern und Eltern viel vorgelesen wird.
- Die sieben Astronauten der ersten Mercury-Weltraummission waren allesamt Erstgeborene.
- Ein großer Teil der Erstgeborenen ergreift Hochleistungsberufe.
- Mit wachsender Familiengröße und mit der Geschwisterposition nimmt angeblich der IQ ab.
- Am glücklichsten sind Partnerschaften zwischen dem jüngsten Bruder von älteren Schwestern und der ältesten Schwester von jüngeren Brüdern und zwischen der jüngsten

Schwester von älteren Brüdern und dem ältesten Bruder von Brüdern.
- Partnerschaften zwischen zwei mittelgeborenen Kindern sind harmonisch, dafür aber eher langweilig.
- Später Geborene sind einfühlsam und altruistisch.
- Erstgeborene bevorzugen Sportarten wie Schwimmen, Tennis oder Golf.

(aus einem Elternhandbuch)

Die Ausführungen über Geschwisterpositionen ließen sich beliebig fortsetzen, schließlich ist die Zahl der möglichen Kombinationen groß: Zwei Schwestern; zwei Brüder; der Bruder zwischen zwei Schwestern; die Schwester zwischen zwei Brüdern; die große Schwester zwischen zwei kleinen Brüdern; der kleine Bruder mit zwei großen Schwestern, …

Oluf Martensen-Larsen, ehemals Facharzt für Psychiatrie in Dänemark, und *Kirsten Sørrig*, eine dänische Journalistin, haben diesen Szenarien gleich ein ganzes Buch gewidmet, das viele Wiedererkennungseffekte liefert, sich „in einem Zug" liest, das aber auch sehr viele Fragen aufwirft; allzu schnell sind Leserinnen und Leser geneigt, irritiert zu kommentieren: „Bei mir war aber alles ganz anders!"

Wieso kann es denn eigentlich grundlegend anders kommen? Dies ist damit in Zusammenhang zu bringen, dass die Beziehungsfaktoren in einer Familie auf unzählige Weisen beeinflusst werden.

Das nun folgende Kapitel widmet sich daher ausschließlich der Frage. Dabei müssen zur Erlangung von Verständlichkeit mögliche Faktoren isoliert werden – diese Faktoren stehen jedoch in einem ständigen Wechselspiel.

5. Wodurch werden Beziehungen zwischen Geschwistern beeinflusst?

Um eines vorwegzunehmen: Die Gene sind es nicht!
„Obwohl Geschwister das Erbgut derselben Eltern in sich tragen und in derselben Umgebung aufwachsen, unterscheiden sie sich in ihren Persönlichkeitsmerkmalen stärker voneinander als willkürlich auf der Straße aufgelesene Personen mit entsprechendem Alter, entsprechendem Geschlecht und ähnlicher sozialer Herkunft. Der Befund gilt bis zum Intelligenzquotienten." (DER SPIEGEL Nr. 2/2006)
So viel zu den – durchaus sympathischen, jedoch eher hilflosen – Erklärungsversuchen, wenn Eltern sich über die große Unterschiedlichkeit ihrer Kinder beklagen und die Frau dem Mann aus Verärgerung über die starrköpfigen Sohn zuwirft: „Das hat er ganz klar von DIR! Dein Vater war ja auch schon so ein Hitzkopf!"

„Ich weiß doch gar nicht, worüber du dich eigentlich beklagst. Du hast es doch immer gut gehabt!" So und ähnlich verlaufen manchmal rückblickende Debatten zwischen Geschwistern, wenn es mal kracht. Das Problem: Wer hier festlegt, dass es X gut ging, ist nicht X, sondern das Gegenüber! Dieses Gegenüber stellt aus seiner subjektiv gefärbten Wahrnehmung fest, dass es X an nichts fehlte und macht – ebenso aus seiner subjektiven Perspektive – zugleich deutlich, dass ihm/ihr sehr wohl einiges gefehlt hat.
Die objektive Situation mag günstig gewesen sein, dennoch lässt die subjektive Erfahrung X zu einem anderen Schluss kommen. *Frick* betont diesbezüglich: „Die ganz persönliche Perspektive des Kindes, seine individuelle Verarbeitungsweise ist der Schlüssel zum Verständnis seines Strebens, Fühlens, Denkens und Handelns: Die (subjektive) Erfahrung ist der wirksame und entscheidende Faktor für die Entwicklung, nicht die (objektive) Umweltsituation oder das Ereignis. (…) Jedes Kind wächst in eine neue, ganz individuelle, einzigartige Familiensituation hinein, die sich von derjenigen eines älteren oder jüngeren Geschwisters in vielfacher Hinsicht unterscheidet."

Absolut individuell
Wir müssen davon ausgehen, dass der Mensch vom Beginn seines Lebens an eine unendlich große Zahl von Eindrücken kognitiv und emotional aufnimmt, die sich zu einem sich allmählich verfestigenden und stets verfügbaren Wissen und damit auch zu einem individuellen Verhalten summieren. Diese Erfahrungen sind bei jedem Menschen anders und absolut individuell.

(Reinhart Lempp)

Hieraus ergibt sich, dass wir als Kinder uns und unsere Geschwister aus einem sehr persönlichen, subjektiven Blickwinkel sehen. Wir entwickeln sehr früh so genannte Grundmeinungen – das sind Einstellungen, Schlussfolgerungen und Meinungen über unsere eigene Person, die anderen Menschen und die Zukunft; sie repräsentieren die verdichteten Schlüsse aus den Erfahrungen der ersten Lebensjahre.

Grundmeinungen helfen gerade dem jungen Menschen, mit der Vielzahl von Beziehungen klar zu kommen. Solche Grundmeinungen sind mit dem Nachteil verbunden, dass sie eher grobschnittig sind, also die Wirklichkeit in ihrer Komplexität reduzieren – man könnte fast von einer schwarz-weiß-gefärbten Sicht der Welt sprechen. Konkret: Ein Kind, das sich in seiner Familie – aus welchen Gründen auch immer – benachteiligt fühlt, wird jeden kleinen Anlass zur Bestätigung dieser Sicht nehmen. Der Blick für Nuancen geht verloren.

Grundmeinungen verfestigen sich in den Köpfen der Kinder in Gestalt von geradezu kompromisslosen Botschaften an das eigene Verhalten: „Nur wenn ich zuverlässig und genau bin, kann ich mir der Anerkennung bewusst sein. Also bin ich um Perfektionismus bemüht!" „Ich bin etwas wert, wenn ich stets lustig bin und meine Umwelt zum Lachen bringe. Somit gebe ich mir größte Mühe, meine traurige Seite zu verbergen." „Wenn ich mich besonders hilflos zeige, bekomme ich Zuwendung. Also gebe ich schnell auf und sitze da, bis mir jemand hilft."

Grundmeinungen entwickeln sich, wie gesagt, in den frühen Jahren – noch bevor wir sprechen und darüber nachdenken können; sie sind äußerst hartnäckig – mitunter halten sie sich bis in die späteren Jahre.

Die menschliche Seele weist eine weitere Eigenart auf, die es uns rückblickend schwer macht, Vergangenes gerecht bzw. objektiv zu beurteilen: Wir neigen als Kinder zu einer so genannten tendenziösen Wahrnehmung. Erfahrungen und Erlebnisse mit Geschwistern in der Kindheit werden subjektiv erinnert und geprägt. Dies kann dazu führen, dass (verletzende) Einzelheiten einen unverhältnismäßig breiten Raum einnehmen, Details sich weitaus dramatischer in der Erinnerung festsetzen, als sie es in Wirklichkeit waren. Positives dagegen wird durch diese Überdimensionierung ausgeblendet. So kann es kommen, dass selbst erwachsene Geschwister sich in den Haaren liegen und sich gegenseitig unterstellen: „So, wie du es darstellst, war es doch gar nicht! Es war alles ganz anders!"

Jedes Kind folgt dem natürlichen und lebenswichtigen Impuls, in seiner Familie einen wohligen Platz, eine befriedigende Rolle bzw. eine ganz persönliche Nische zu finden. Das Phänomen dieser Nischenfindung hat Familienforscher und Psychologen schon immer fasziniert.
Wie sieht eine solche Rollen- bzw. Nischenfindung in der Praxis aus?
In einer Familie mit zwei Kindern, einer Tochter als Erstgeborener und einem drei Jahre jüngeren Bruder, wird der Tochter immer wieder die Eigenschaft zugesprochen, sie sei ausgesprochen freundlich, liebenswürdig und zuverlässig. Diese gefällt sich in der Rolle, da mit ihr Lob und Zuspruch der Eltern verbunden sind, und füllt sie dementsprechend auch konsequent aus: Die Nische ist somit besetzt.

Dem Bruder liegt es fern, nun immer in Bezug auf diese Attribute mit seiner Schwester wetteifern zu wollen, folglich sucht er sich eine andere, möglichst positiv besetzte (Komplementär-) Rolle. Dies kann zu einem gedeihlichen Klima zwischen den Geschwistern führen. Welche Eltern freuen sich nicht, wenn sie zum Beispiel ein musikalisches Kind und einen begnadeten Techniker auf ihrem spannenden Weg durch das Leben begleiten können und ihnen dabei auf gleiche Weise die Förderung der Talente gelingt?
Problematisch wird es, fallen die komplementären Rollen ausgesprochen negativ aus – in solchen Situationen steht die Liebe der Unkomplizierten, der Gescheite dem Dummen, die Schöne dem Mauerblümchen, der Fleißige dem Faulen und die Brave dem Fre-

chen gegenüber. Bei derart starken Kontrast-Besetzungen hat negativ verstärkendes Verhalten der Eltern die Situation begünstigt: „Aha, da haben wir es wieder, ... von Dir haben wir es ja auch nicht anders erwartet! Nimm Dir doch mal ein Beispiel an ..."

Erwachsene Geschwister beschweren sich in der Rückschau oft darüber, von ihren Eltern, aber auch durch ihre Geschwister zu sehr auf eine bestimmte und scheinbar unveränderliche Rolle festgelegt worden zu sein.

Morgen ist auch noch ein Tag
In der Familie Hansen entwickeln sich die beiden Söhne Frank und Peter sehr unterschiedlich. Peter ist dynamisch, sehr intelligent und genießt die volle Unterstützung der Eltern. Frank ist mehr der Träumer, der langsamere Zeitgenosse; er gehört zum schulischen Mittelmaß. In den Augen seiner Eltern und auch seines Bruders ist er ein „lieber Kerl", der aber zu wenig aus sich macht, der zu Bequemlichkeit neigt, verspielt ist. Frank hat durchaus auch Tugenden, die aber in der leistungsorientierten Zeit und in der auf Erfolg fixierten Familie an zweiter Stelle rangieren. Frank sieht sich nicht in der Lage, die Konkurrenz mit seinem Bruder aufzunehmen, und entscheidet sich für den „freien Platz" des lieben, humorigen, allzeit zufriedenen Sohnes. Das verschafft ihm mütterliche Wärme und Wohlwollen des Vaters. Peter vertritt als der erfolgreichere der Söhne die Auffassung, dass Frank ein Mensch ist, der bei aller Liebenswürdigkeit stets etwas Unzuverlässiges an sich hat. Er mag seinen Bruder, belächelt ihn aber auch etwas.
Die Jahre vergehen. Der Kontakt der erwachsenen Brüder bleibt bestehen, an den Rollen ändert sich jedoch wenig: Peter ist beruflich sehr erfolgreich, Frank ist dabei, sich eine berufliche Existenz aufzubauen. In Gesprächen gibt es eine gewisse Herzlichkeit, Frank bleibt aber irgendwie der „Kleine".
Eines Tages bittet Peter seinen Bruder Frank, ihm doch sehr dringend ein altes Buch zu leihen. Da Frank sich glücklich schätzt, seinem (großen) Bruder auch einmal einen Gefallen tun zu können, sorgt er für prompte Erledigung und gibt am gleichen Tag das Buch per Eilboten auf den Postweg. Wenn es um seinen Bruder ging, war er eigentlich immer sehr präsent ...

Peter wartet fieberhaft, da das erwünschte Buch nirgendwo mehr erhältlich ist. Am nächsten Morgen muss Peter aus beruflichen Gründen aus dem Haus und bittet seine Tochter, auf jeden Fall den Postboten abzuwarten. Dieser erscheint auch zum vertrauten Zeitpunkt, gibt die Sendung aber nicht im Haus ab, sondern überreicht sie Peters Frau, die ihm auf der Straße auf dem Weg zum Auto begegnet. Sie wirft das Päckchen ohne Wissen des Vorgangs bzw. der Dringlichkeit auf den Rücksitz des Autos und fährt zu ihrer erkrankten Mutter. Als Peter nach Hause kommt, weiß die Tochter von nichts. Als ungeduldiger Mensch rennt er gleich zum Telefon: „Wenn du das Buch wirklich per Express aufgegeben hättest, dann hätte es doch heute bei der Post sein müssen! So bist du halt! So warst du schon immer. Morgen ist auch noch ein Tag – typisch Frank! Stets hat man dich dreimal bitten müssen!" Frank ist konsterniert und will seine Unschuld beteuern. Peters Antwort fällt knapp aus: „Erzähl mir keine Geschichten!" Das Gespräch ist beendet. Am Abend kommt Peters Frau ins Haus – das Päckchen in der Hand. Peter entschuldigt sich kleinlaut bei seinem Bruder. Peter muss das Bild von seinem Bruder gehörig korrigieren.
Bilder von Geschwistern über ihre Geschwister sind offensichtlich schlecht zu korrigieren …

Bevor nun etwas ausführlicher in dem nächsten Kapitel auf die besondere Rolle der Eltern in der Entwicklung von Geschwisterbeziehungen eingegangen wird, seien in einem Überblick weitere Faktoren genannt, die Einfluss auf das Miteinander zwischen uns und unseren Geschwistern haben können. Diese müssen Berücksichtigung finden, da sie bei dem Versuch einer Erklärung von Spannungen zwischen Geschwistern von Bedeutung sein können – nicht müssen:

- Kleinfamilien gibt es in unserer Zeit weitaus häufiger; die Großfamilie ist aus verschiedenen Gründen eher seltener. In solchen überschaubaren Einheiten ist jedoch die Gefahr groß, dass vielfältige Erwartungen gezielt an wenige Kinder gerichtet werden. Dies erhöht den Druck auf Mädchen oder Jungen, die sich nur schwer entziehen können. Großfamilien oder größere Familien bieten mehr Freiräume, da Zuwendung und Aufmerk-

samkeit „verteilt" werden müssen. Andererseits besteht bei größeren Familien auch schnell die Gefahr, dass jemand „untergeht".
- Das jeweilige Umfeld einer Familie erfährt mit wachsendem Alter der Kinder zunehmend an Bedeutung. Sehr schnell gewinnen neben Brüdern und Schwestern Lehrerinnen und Lehrer, Freundinnen und Freunde und andere Personen aus dem jeweiligen sozialen Umfeld an Einfluss. Sie „kommentieren" (verbal und nonverbal) auch die Beziehung zu den Geschwistern. Dies kann unter Umständen zu Loyalitätskonflikten führen: War der Bruder bis zum Eintreten in die Clique noch ein feiner Kerl, kommen nun plötzlich kritische Stimmen auf (… „der ist ja blöd!"). Geschwister können die sich langsam steigernde Orientierung ihrer Schwestern/Brüder an der außerfamiliären Umwelt als Bereicherung und Ansporn empfinden. Unter bestimmten Konstellationen kommen jedoch auch Gefühle auf, von Schwester/Bruder fallen gelassen worden zu sein. Die Betroffenen fühlen sich „verraten und verkauft" und behalten unter Umständen ihren Zorn lange Zeit für sich.
- Geschwister mit einem geringen Altersabstand entwickeln eher eine enge, innige, von großen Gefühlen begleitete Beziehung. Das ist nicht weiter verwunderlich, schließlich haben sie in so vielen Punkten Gemeinsamkeiten; sie können sich gegen die Größeren (auch die Eltern) stark machen, teilen ihre Freuden, Träume, Sehnsüchte und Ängste. Ab und zu „kracht es", jedoch sind die dunklen Wolken schnell wieder verzogen.
Sind in der Familie deutlich ältere Geschwister, so wird nicht selten übersehen, dass diese in ganz anderen Welten leben – emotional, gedanklich und auch sozial. Diese Distanz lässt sich auch im späteren Alter von Geschwistern nur schwer aufheben. Sicherlich können die Beteiligten mit einer solchen Unterschiedlichkeit des Wahrnehmens und Erlebens gut leben; problematisch kann es jedoch werden, wenn besondere Krisensituationen (Krankheit oder gar Tod der Eltern, …) das Vorhandensein eines „gemeinsamen Nenners" wünschenswert oder erforderlich machen. Dann fällen schon eher Sätze wie: „Ich verstehe dich einfach nicht!"
- Der Natur kann man nur bedingt ins Handwerk pfuschen! Zum Glück gibt es keine „genormten" Kinder, wenn uns auch Schönheits- und Unterhaltungsindustrie gerade in unseren Tagen Ide-

almaße, Traumfiguren und das makellose Gesicht schmackhaft machen wollen. Es ist jedoch nicht sonderlich selten, dass sich Geschwister speziell in ihren Äußerlichkeiten sehr voneinander unterscheiden. Da gibt es die große, schmächtige neben der kleinen, eher molligen Schwester, den baumlangen Bruder neben seinem jüngeren „Zwerg"; da gibt es Brüder oder Schwestern, die sich gleichen wie ein Ei dem anderen, obwohl sie zwei oder drei Jahre auseinander liegen und charakterlich sehr verschieden sind; schließlich erlebt man den bedeutend größeren, kräftigen, aber „kleinen" Bruder neben seinem zarten, zwei Köpfe kleineren „großen" Bruder. Dies führt zu scherzenden Kommentaren auf zahlreichen Familienfeiern oder im Freundeskreis. Der oder die bei solchen Gegebenheiten ins Hintertreffen gerät, muss manchmal Qualen erleiden! Den großen Bruder schmerzt es, wenn Witze darüber gemacht werden, dass sein kleinerer (körperlich stattlicherer) Bruder ihm etwas voraus hat. Die ältere Schwester ärgert sich, ohne es einzugestehen, wenn ihr zu verstehen gegeben wird, dass die jüngere Schwester ihre „Speckröllchen" sichtlich besser im Griff hat. Der jüngere Bruder ist von Peinlichkeit berührt, wenn er wegen seiner großen Ähnlichkeit mit seinem älteren, aber weitaus erfolgreicheren Bruder verwechselt wird und korrigieren muss, dass er nicht der „Große" ist. „Unser Kleiner", „Unser Dicker", „Unser Kraftpaket": Reduktionen auf das äußerliche Erscheinen werden gern vorgenommen – auch unter älteren Geschwistern. Sie sind zwar menschlich, lassen jedoch die Gesamtpersönlichkeit in den Hintergrund treten.

- Die Talente sind nicht immer gerecht verteilt! Wenn es auch der verstehbare Wunsch von Eltern ist, dass ihre Kinder möglichst viele Fähigkeiten und Fertigkeiten entwickeln, so gab und gibt es Kinder, denen alles gelingt, was sie in Angriff nehmen. Problematisch wird dies, wenn sich in einer Familie ein Kind als besonders begabt erweist, das andere aber nicht! Zu allem Überfluss muss das „Durchschnittskind" auch noch erleben, dass das begabte Gegenüber gerne präsentiert wird ... und leidet dabei insgeheim. Damit verbundene Minderwertigkeitsgefühle werden „geparkt" oder werden durch auf den ersten Blick nicht mit der Kränkung in Zusammenhang zu bringenden, zeitlich verzögerten Wutausbrüchen oder Verweigerungen kommentiert. Kränkungen wie diese melden sich – geradezu eruptions-

artig – manchmal im Konflikt zwischen erwachsenen Geschwistern wieder.
- Wenn der Alltag aus den Fugen gerät, gerät auch das Seelenleben von Geschwistern in Turbulenzen. „Wir müssen jetzt zusammenhalten!", so die verständliche elterliche Botschaft, wenn etwas Unvorhersehbares geschehen ist: Krankheit, Tod, Scheidung im engeren familiären Umfeld, beruflich bedingte Wohnortswechsel, … Die damit verbundenen Herausforderungen und Veränderungen sind nicht nur für die Erwachsenen ein Problem! Konnte der Zwölfjährige den schweren Unfall des Vaters zumindest vom Verstand her so einigermaßen bewältigen und seine Trauer mit der großen Schwester teilen, zu der er einen guten Draht hat, so ist das Ereignis für den fünfjährigen Benjamin eine totale Katastrophe! In Ausnahmesituationen wie diesen gibt es jedoch nicht die Sicherheit, dass es den Älteren besser gelingt als den Jüngeren, damit fertig zu werden. Im Erleben der Kinder, unabhängig vom Alter, setzen sich solche Ereignisse auf sehr unterschiedliche Weisen fest. Oft schweigen diejenigen, denen es besonders ans Herz geht, weil sie nicht noch mehr Verwirrung schaffen wollen. Unter Umständen sind sie verärgert über ihre Schwestern / Brüder, die die Lage viel besser – so scheint es – meistern. Oft spüren sie den Schmerz dieser seelischen Narbe über Jahre und Jahrzehnte; sie würden sich gerne mit ihren Geschwistern darüber austauschen, schaffen es aber nicht, weil sie keine Schwächen zu erkennen geben wollen.

Konflikte weitergeben
Eine bereits 73 Jahre alte Frau wendet sich vertrauensvoll an ihren Hausarzt, da sie unter Schlafstörungen leidet; ihr Herz rast in der Nacht, sie hat kaum noch Appetit. Die jüngste Tochter, gerade 40 geworden, macht ihr zu schaffen; sie beginnt im Leben so vieles, scheitert aber immer wieder; nun ist sie zu einem Aufenthalt in einer psychiatrischen Klinik. Der Arzt lässt seine langjährige Patientin erzählen. Scheinbar unvermittelt werden plötzlich Kriegserinnerungen zum Thema: „Ich lebte damals mit meinen beiden älteren Schwestern im Haus der Familie. Mein Vater war bereits verstorben. Meine Mutter gab sich alle Mühe, auf dem großen Hof alles im Griff zu behalten. Der Krieg war ein einziges Grauen! Wenn auch unser Dorf nur selten Ziel

von Angriffen wurde und wir weit außerhalb wohnten – wenn ich nur die Sirenen hörte, war es mit mir vorbei. Meine Mutter wollte sich wohl den Schmerz nicht anmerken lassen. Sie meinte immer, wir müssten jetzt tapfer sein. Der Herrgott werde uns schon nach dem Tod des Vaters nicht noch weiteres Leid abverlangen. Trotzdem schaffte ich es nicht. Immer wieder musste ich laut weinen. Meine beiden Schwestern gingen anders damit um – so stellte es sich für mich jedenfalls zu der Zeit dar. Irgendwie waren sie rauer. Das sind sie noch heute. Schnell sind sie mit dem Kommentar dabei: „Da hilft kein Jammern, da müssen wir jetzt durch!" Ich ging ihnen mit meiner Angst wohl schon immer auf die Nerven. Sie nannten mich ‚Heulsuse' und ließen mich links liegen. Das machte mich noch hilfloser. Meine Mutter wollte ich nicht behelligen, sie sah immer so schlecht aus. Na ja, so ganz konnte ich mich wohl nie von den schrecklichen Erlebnissen verabschieden. Wer kann das schon?
Manchmal habe ich das Gefühl, meine jüngste Tochter hat da etwas von mir abbekommen. Ich wollte das nicht, aber es ist wohl so. Mein ältester Sohn und ältere Tochter sind auch so verschieden. Mein Sohn bezeichnet das Leid seiner Schwester als persönliches Pech. Solche Äußerungen bringen mich zur Verzweiflung. Meine Tochter gibt sich in alle Richtungen Mühe: Sie besucht ihre Schwester, geht mir zur Hand, wenn sie in der Nähe ist. Überhaupt ist sie seit dem Tod meines Mannes die große Stütze, obwohl sie doch selbst genug zu tun hat. Ihrem Bruder geht sie aus dem Weg. Sie macht ihm Vorwürfe, er sei hartherzig. Meinen Sohn lässt das unberührt. Er geht seinen Weg. Manchmal habe ich das Gefühl, es bessert sich nichts.

- Einen nicht zu unterschätzenden Anteil an der Befindlichkeit von Geschwistern, an ihrem Erleben in Bezug auf Schwestern/Brüder, an ihrem Verständnis von Geschwisterlichkeit und an ihrer Fähigkeit, mit Spannungen umzugehen, haben das jeweilige Lebensalter der Eltern und deren persönliche Geschwistererfahrungen! Es macht einen ganz erheblichen Unterschied, ob zum Beispiel eine junge Frau mit 20 Jahren (ungewollt) schwanger wurde oder ob sich eine vom Alter her gereifte Persönlichkeit gezielt zur Mutterschaft entscheidet! Schnell kollidieren im ersten Fall Pflichtgefühle und moralische

Sperren mit einem alsbald einsetzenden Gefühl, das Wesentliche im Leben zu verpassen. Lässt das zweite Kind nicht lange auf sich warten, so gehen von solchen Erziehenden unbewusste oder bewusste Appelle aus, die Geschwister mögen doch möglichst durch ein permanent harmonisches Miteinander den Alltag nicht noch erschweren. Die Verärgerung über zu früh einsetzende Verbindlichkeiten kommt in Gestalt der Botschaft daher, sich dankbar und leicht lenkbar zu zeigen. Abgesehen davon, dass Kinder ein Leben lang unter diesem Makel des Unerwünscht-Seins (wenn dieses auch nie und nimmer direkt ausgesprochen wird) zu leiden haben, können sich sehr unterschiedliche Varianten des Umgangs der Geschwister mit dieser Misere ergeben. Vielfach buhlt dann das eine Geschwister um die dennoch ersehnte Gunst der Mutter/des Vaters (weil es die Ablehnung einfach nicht aushalten kann und will), während das andere sich zum Selbstschutz emotional abnabelt und sehr früh die Selbstständigkeit anstrebt. Im späteren Erwachsenalter sind dies dann häufig Geschwister, zwischen denen Welten liegen, die sich nichts zu sagen haben – auch wenn sie es versuchen sollten.

- Eltern begleiten ihre Kinder auch im Rückblick auf Erfahrungen, die sie mit ihren Geschwistern gemacht haben!

Sind die gemachten Erfahrungen im Ganzen positiv, so ist optimistisch davon auszugehen, dass die Begeisterung abfärbt. In solchen Fällen erleben die Kinder das heitere, solidarische, Verschiedenheiten zulassende und schließlich dankbar-liebevolle Miteinander ihrer Eltern mit deren Geschwistern. Erfahrungen wie diese fördern die emotionale Stabilität, das Vertrauen in die Welt, geben Mut im Falle größerer und kleinerer Reibereien mit den eigenen Geschwistern und schaffen den Anreiz, Gleiches zu anzustreben. So der Idealfall ...

Was aber, wenn zum Beispiel der Vater seinem Sohn offen und versteckt Misstrauen predigt, weil er von seinem älteren Bruder irgendwann einmal fürchterlich im Stich oder gar betrogen wurde?

Was passiert, wenn die Mutter eine ihrer Töchter, die aus der „Reihe zu tanzen" droht, in besonderer Weise (und das auch noch vor den Augen der Geschwister) ins Gebet nimmt, weil sie unsägliche Enttäuschungen mit ihrer Schwester erleben musste, die schon immer als „schwarzes Schaf" der Familie galt?

Was ist zu tun, wenn ein Vater mit seinem Sohn konkurriert, der sich schulisch so entwickelt, dass ein attraktiver Studienplatz auf ihn wartet – nur weil es bei ihm zum Abitur nicht gereicht hat und er, der Vater, ausgerechnet von seinem kleinen Bruder übertrumpft wurde? Was ist zu tun, wenn dieser dann auch noch den Sohn letztlich meidet und das Bündnis mit der jüngeren Tochter sucht, die viel „lieber" ist? Wie sollen sich diese Tochter und dieser Sohn als Geschwister begegnen?

Mit den zuletzt aufgeworfenen Fragen wird der Übergang zum folgenden Kapitel gemacht. In ihm wird es um die zentrale Fragestellung gehen, welche Bedeutung das Verhältnis zu den Eltern in Bezug auf Geschwisterliebe bzw. Geschwisterhass hat.

6. Die Eltern – Kritisches und Erbauendes

„*Ich bin die große Schwester von fünf Geschwistern – drei Brüder und zwei Schwestern. Ich, geboren am 9.10.1962; Franz, geboren am 26.8.1963; Leon, geboren am 28.9.1965; Anne, geboren am 19.5.1967; Jos, geboren am 14.12.1968 und Willi, geboren am 16.2.1970. Meine Eltern haben somit in sehr dichter Folge ein Kind bekommen. Jedes Kind war dabei ein Wunschkind. Zu meiner Zeit war es sehr wichtig, dass das erstgeborene Kind ein Stammhalter war. Mein Vater aber war nicht enttäuscht. Er freute sich sogar, weil es für ihn das erste Mädchen war. In seiner Familie gab es 11 Jungen.*

Ich hatte eine liebevolle und wunderschöne Kindheit, aber ich fühlte mich auch für meine Geschwister verantwortlich, da meine Mutter viel arbeitete und später auch noch schwer erkrankte. Wir hatten einen Bauernhof. Meine Geschwister haben meinen Einsatz schon längst wieder gut gemacht, denn sie haben mich mit meinen drei Kindern sehr unterstützt.

Heute leben meine Geschwister auf der ganzen Welt verstreut. So komme ich auf fast 100 Euro Telefonkosten im Monat. Franz lebt in der Schweiz, Leon in Toronto, Anne in Maastricht, Jos in Birmingham, Willi in Amsterdam.

Unser Vater war schon ein weltoffener, moderner Vater und Ehemann. Er fühlte sich für uns alle gleich verantwortlich und beschäftigte sich immer mit Fragen der Erziehung. Wir wurden durch ihn durch ein Menschenbild geprägt, das uns sagt, dass jeder Mensch gleich ist. Er hat uns gelehrt, kritisch zu sein, ein Ziel vor Augen zu haben und andere Menschen so zu behandeln, wie man selbst behandelt werden will. Mein Vater hat uns immer gesagt, wir müssten ‚ausfliegen', in die Welt ziehen, etwas lernen und nicht zu Hause hocken bleiben.

Als die ersten von uns ‚flügge' wurden, passierte etwas ganz Schreckliches. Im Alter von nur 50 Jahren starb unser Vater ganz plötzlich – ohne jede Vorerkrankung! Meine Mutter war erst 43 Jahre alt. Mein Vater hatte nie geklagt, immer Tag und Nacht gearbeitet.

Wir waren wie gelähmt. Doch der Tod unseres Vaters schweißte uns noch mehr zusammen. Besonders Franz und Willi brauchten unsere Unterstützung.
Mein ältester Bruder Franz fühlte sich plötzlich als ‚Familienoberhaupt' verpflichtet, doch hatte er gerade mit seinem Studium begonnen ... So geriet er in eine Zwickmühle, wollte er doch unsere Mutter nicht im Stich lassen und zugleich den Betrieb weiterführen, den unser Vater mit so viel Energie aufgebaut hatte. Zum Glück kam unser Onkel zur Hilfe, so dass Franz sein Studium beenden konnte. Franz kümmert sich auch jetzt noch um unsere Mutter, auch finanziell.
Unser kleiner Bruder Willi hat alles psychisch nicht so gut verkraftet; er ist zwar beruflich als Architekt erfolgreich, ist aber sehr sensibel und muss manchmal mit Depressionen kämpfen. Über solche und andere Nöte können wir in unserer Familie gut reden.
Ich könnte Bücher über meine Familie schreiben.
Am vergangenen Weihnachtstag saßen wir fast alle wieder zusammen bei meiner Mutter. Meine Mutter hat dann meinen Bruder in Kanada angerufen, hinterher konnten wir alle einmal mit ihm sprechen.
Mein Mann und ich versuchen so zu leben, wie es unsere Eltern getan haben. Freuen würde es mich, wenn meine Kinder weiterhin so gut miteinander klar kommen, wie ich es mit meinen Geschwistern erlebe. Ich liebe meine Kinder, ich liebe meine Geschwister! Danke!"
("Peet", 44 Jahre)

Zeilen wie diese müssen anrühren! Da schreibt jemand in großer Klarheit und mit Reflexionsvermögen über die Erlebnisse in der Familie und über die intakte Beziehung zu den Geschwistern. Getragen scheint alles von einem positiven Familiensinn, von dem guten Vorbild des Vaters, der Selbstlosigkeit der Mutter und von dem Willen der beteiligten Geschwister, sich durch nichts auseinanderdividieren zu lassen. Das Band hält – selbst über große Distanzen.
„Peet" (ein Pseudonym) ist zu bewundern: Ihr geht es gut mit Ihren Lieben; ein Leben ohne Brüder und Schwestern kann sie sich nicht vorstellen.
Derzeit ist „Peet" im Begriff, eine Ausbildung zur Krankenschwester zu absolvieren, und es steht zu vermuten, dass sie eine sehr gute *Kranken*schwester wird, war und ist sie doch im familiären Gefüge eine vorbildliche und dabei auch noch glückliche Schwester.

Nörgler und Kritiker mögen jetzt so manchen Einwand machen. Sie werden fragen, wie es möglich ist, dass größere Dispute zwischen den Geschwistern nicht stattgefunden haben (oder sind sie nur ausgespart worden?). Sie mögen argwöhnen, dass ihnen keine andere Wahl blieb. Sie mögen spötteln, dass die Wahl des Berufes der Krankenschwester symptomatisch ist für Menschen, die immer helfen mussten und sich über die Hilfe für andere definieren. Sie mögen sich schließlich fragen, ob „Peet" nicht irgendwann darüber verärgert ist, dass ihre Geschwister die Welt erobern, während sie sich häuslich und heimatnah zeigt oder zeigen will ... Solche und andere Einwände würden jedoch den guten Kern dieses Berichts unnötig ignorieren. Es gibt zwar Forschungsarbeiten, die aufzeigen, dass die Geschwisterbeziehung Einfluss auf die Entscheidung für oder gegen einen Beruf haben kann; es gibt zwar die in der Tat übermächtigen Familienzwänge, die eine Rebellion im Keim zu ersticken scheinen, ... dennoch hat das System im oben beschriebenen Fall funktioniert!
Eine klare Schlüsselrolle kommt dabei den Eltern zu. Das Wohlwollen des Vaters, seine Weltoffenheit auf der einen Seite, die uneingeschränkte mütterliche Liebe auf der anderen.

Dem ist nicht immer so!

Wenn man nicht mit dem Kind als einem wichtigen anderen Menschen gesprochen hat, sondern mit ihm umgegangen ist, als wäre es ein Teil von einem selbst, dann hat sich im gleichen Maß die Beziehungsstruktur ‚Entweder du oder ich' auf das Kind übertragen (...) Wegen der gespaltenen Beziehungsstruktur (entweder du oder ich), in der schon die Eltern aufgewachsen sind, fürchten sie die Lebenswünsche des Kindes (...). Und das Kind erlebt sich in der Identifikation mit den Eltern als bedrohlich, weshalb es versucht, die ‚bedrohliche Seite', nämlich seine wirklichen Gefühle abzuspalten.

(Thea Bauriedl)

Zwischen Eltern und Kindern wie auch zwischen Kindern als Geschwistern ist unter dieser Voraussetzung kein Dialog möglich.

(Hans Sohni als Kommentar zu dem Zitat von Bauriedl)

Um Missverständnissen vorzubeugen: Mit diesem Kapitel soll nun nicht zur Generalabrechnung mit den Eltern aufgerufen werden. Es wird auch niemand in Frage stellen wollen, dass Eltern unter allen Umständen ihr Bestes geben. Außerdem soll eine kritische Würdigung der Elternhaltung nicht von der eigenen Arbeit entlasten (hierauf wird an späterer Stelle des Buches noch eingegangen).
Dennoch gilt, wie *Frick* mehrfach hervorhebt, „dass die **Haltung** der Eltern die **zentrale Einflussgröße** bei der Frage ist, ob zwischen Geschwistern eher eine **kooperative** oder stark konkurrierende oder gar **ablehnende** Tendenz überwiegt."
Oder, wie es *Sohni* ausdrückt: „Störungen zwischen den Geschwistern werden von den Eltern induziert."

Ist es nicht „kindisch", in späteren Lebensjahren über das Verhalten der Eltern nachzudenken? Dies ist es sicherlich nicht, denn als Kinder bzw. Geschwister machen wir mit ihnen und durch sie unsere elementaren Erfahrungen. Sie sind es, die uns mit dem Regelwerk des Lebens vertraut machen und unsere „Gehversuche" im sozialen Miteinander stützen, begleiten, kommentieren oder auch korrigieren. Darum ist es alles andere als „kindisch", sich solchen Fragen zu stellen, auch auf die Gefahr hin, dass sich Ernüchterung breit macht. Wie bedeutend die Erfahrungen mit und durch die Eltern sind, wie nah uns das Vergangene ist (selbst wenn es Jahrzehnte zurück liegt), sehen wir allein daran, dass erwachsene Geschwister, wenn sie sich über „Mama" und „Papa" austauschen, in Wortwahl und Tonfall den längst vergangenen Tagen wieder näher rücken: „Du warst doch immer Papas Liebling!"

Welcher Art können nun solche Störungen sein, die Geschwistern im unmittelbaren und späteren Miteinander das Leben im wahrsten Sinn des Wortes schwer machen?

Es sind bereits die generellen Botschaften und Appelle an die Geschwister, die deren Miteinander nicht gerade vereinfachen. Eltern neigen dazu, ihren Kindern paradoxe und mehrdeutige Regeln zu vermitteln, was den Umgang mit Brüdern oder Schwestern anbelangt. Diese lauten:

- Ihr sollt euch ähnlich sein, aber unterscheidet euch auch voneinander!

- Ihr sollt euch lieben, aber nicht ausschließlich und nicht sexuell!
- Ihr sollt euch kooperativ verhalten, bleibt aber unabhängig!
- Ihr sollt loyal zueinander sein, nutzt euch aber nicht aus!
- Ihr sollt konkurrieren, ohne euch zu dominieren!
- Ihr sollt dynamisch sein, seid aber nicht rücksichtslos!
- Ihr sollt tolerant sein, vertretet aber euren eigenen Standpunkt!

Zunächst ist es die Beziehung zwischen den Eltern selbst, die Geschwistern ein grundlegendes Verständnis vermittelt. Ist der Umgang zwischen den Eheleuten partnerschaftlich, so lernen Kinder bzw. Geschwister durch das gelebte Vorbild, dass es sich lohnt, auf das Gegenüber einzugehen, Rücksicht zu üben, dem Wohlergehen der/des Anderen Bedeutung beizumessen. Das elterliche Beispiel liefert dabei ein positives Beziehungskonzept, das Kinder an- und aufnehmen und auf den Umgang mit den Geschwistern übertragen. Liegen die Eltern im ständigen Kampf miteinander, ist die Gefahr groß, dass Geschwister hierin die zentrale Botschaft sehen: Der Apfel fällt nicht weit vom Stamm!

Von dem Umgang der Eltern mit den Kindern lässt sich ohne große Mühen ableiten, welche Vorstellung von Erziehung sie grundsätzlich haben. Lassen sie unerbittliche Strenge walten und zeigen nicht die geringste Bereitschaft, Regeln zu erklären bzw. auf die Bedürfnisse ihrer Kinder einzugehen, so liegt die „Kopie" im geschwisterlichen Umfeld nahe.

Gleichgültige und vernachlässigende Eltern laden auch nicht besonders ihre Zöglinge zu einer lebendigen Geschwisterlichkeit ein. Die gleichgültigen Eltern lassen (zu) viel durchgehen und stellen keine Anforderungen, sie zeigen kein oder wenig Engagement und signalisieren so ihren Kindern: Alles ist möglich!

Die Forschung ist zu der Erkenntnis gelangt, dass langjährige, intakte Beziehungen zwischen Geschwistern oft mit einem Erziehungsstil der Eltern verbunden sind, der aus einer gesunden Mischung aus Akzeptieren und Lenken besteht, der Kindern ein Mitspracherecht einräumt und der sich durch angemessene Forderungen an die Kinder auszeichnet.
Hier handelt es sich um Tendenzen! Natürlich ist so manche lebendige Geschwisterbeziehung auch aus Familien hervorgegan-

gen, in denen „knallhart autoritär" erzogen wurde. Es sei aber die Frage zulässig, ob zum Beispiel in einem solchen Fall es nicht das „geheime Bündnis" zwischen den Kindern war, das es ihnen im Kollektiv eher ermöglichte, der emotionalen Kälte der Eltern ein „warmes Geschwisternest" entgegenzuhalten ...

Die unerfüllten Träume der Eltern sind es, die zu so manchen Kollisionen führen.

Einmal Sieger!
Herr Paulsen, in der Herkunftsfamilie der jüngere von zwei Brüdern, ist erfolgreicher Geschäftsmann und gilt als liebevoller Familienvater. Er hat zwei Söhne: Erik, 19 Jahre; Stefan, 15 Jahre. Herr Paulsen hatte bereits mit 22 Jahren geheiratet, das erste Kind wurde ein Jahr nach der Hochzeit geboren. Zu der Zeit war Herr Paulsen noch im Studium; in der Freizeit war die Leichtathletik seine große Leidenschaft. Er galt schon zu Schulzeiten als großes Talent, so dass ihm manche eine beeindruckende Amateur-Karriere voraussagten. Mit der Geburt von Erik wuchsen die ökonomischen Verpflichtungen, Herr Paulsen musste sein Studium schnellstmöglich beenden, um Geld zu verdienen. Die Laufschuhe kamen auf den Speicher. „Vorerst!", wie Herr Paulsen immer betonte ... Es kam anders. Das einsetzende Berufsleben forderte ihn ganz und gar. Außerdem erblickte Stefan das Licht der Welt.
Die Jungen wuchsen heran.
Stefan entpuppt sich als Sporttalent. „Ganz der Vater!" ... Erik meidet dagegen jede sportliche Aktivität und widmet sich ganz der Musik. Herr Paulsen sieht in Stefan den Hoffnungsträger – er soll das vollenden, was der Vater hatte aufgeben müssen!
Vater und Sohn Stefan verbringen jede freie Minute zusammen. Der Vater begleitet ihn zum Training und steht bewundernd am Sportplatzrand.
Erik gerät nach großen Schwierigkeiten im Abitur in eine Selbstfindungskrise. Plötzlich erscheint ihm auch die Musik nicht so attraktiv. Das Verhältnis zu seinem Bruder Stefan kühlt dramatisch ab. Sie streiten sich zunächst pausenlos. Dann gehen sie sich völlig aus dem Weg.

In dem hier beschriebenen Fall wurden nicht eingelöste Wünsche des Vaters auf den Sohn Stefan projiziert, an ihn delegiert – mit kaum einzuschätzenden negativen Folgen für die Beziehung zwischen zwei Brüdern.

Stefan steht allein deshalb dem Vater emotional näher, weil er wie sein Vater in seiner damaligen Familie der jüngere Bruder ist. Diese Nähe zwischen gleichen Geschwisterpositionen ist häufig zu beobachten.

Kinder repräsentieren schnell den nicht ausgelebten oder den verdrängten Teil der Persönlichkeit ihrer Eltern – sie sollen den Traum aufnehmen, der bei Vater oder Mutter irgendwann einmal aufgegeben oder gestoppt wurde.

Es besteht die Gefahr einer (lebenslangen) Rivalität zwischen „Traumerfüller" und „Traumverweigerer", da die damit unvermeidlich verbundene (sicherlich unbewusste) Bevorzugung des „Traumerfüllers" Wunden in die Seele derjenigen reißt, die den Träumen der Erwachsenen nicht so nahe stehen.

Eine Untersuchung von 1993 ergab, dass immerhin 84 % der Befragten mitteilten, ihre Eltern hätten eines der Kinder vorgezogen. Diese Bevorzugungen spielen sich jedoch in den meisten Fällen, um es noch einmal zu wiederholen, unbewusst ab!

Petri sieht hierin jedoch die Quelle permanenter Störungen zwischen Geschwistern: Wo „Ungleichheit, Benachteiligung und Ungerechtigkeit die Geschwisterbeziehung dauerhaft bestimmen, wird die destruktive Realität **nicht enden und eine Reparation der verletzten Geschwisterliebe wahrscheinlich nie stattfinden.**"

Delegationen dieser Art können sich auch in der Weise zu erkennen geben, dass Kinder mit den Persönlichkeitsmerkmalen deutlich bevorzugt werden, die ausgesprochen wenig mit dem Wesen von Mutter bzw. Vater gemeinsam haben; Kinder sollen in einem solchen Fall das leben, was Mutter oder Vater nie zu leben gewagt haben. So bewundert zum Beispiel der Vater seine Tochter, die „kleine Hexe", besonders, weil die Mutter arg „brav" ist und er auch nie ein „Draufgänger" war.

Jedwede Bevorzugung – auch die ungewollte – öffnet Neid, Eifersucht und Rivalität Tür und Tor. Es ist für die dadurch nicht im Mittelpunkt des mütterlichen oder väterlichen Stolzes Stehenden ein quälendes Gefühl, nicht zu genügen, nie genug zu leisten. Als Reaktion auf diese Ohnmachtserfahrung neigen sie dazu, die Bevorzugten zu meiden oder gar zu schikanieren.

Rast- und ruhelos – dabei nie am Ziel
Gerda Krämer ist eine gestandene Frau in den mittleren Jahren. Sie ist berufstätig, dabei erfolgreich. Ihre privaten Kontakte sind zahlreich. Gerda gilt als beliebt und aufgeschlossen. Im Freundeskreis steht sie im Ruf, eine „Power-Frau" zu sein, für die der Tag 24 Stunden haben müsste. Dieser Ruf schmeichelt Gerda einerseits, andererseits fragt sie sich seit längerer Zeit, was sie in dem Maße so antreibt. Im Grunde sehnt sie sich seit langer Zeit nach mehr Ruhephasen, nach Rückzugsmöglichkeiten. Im Grunde war und ist sie keine „Power-Frau"... Über derartige „Schwächen" redet Gerda nicht gerne, da sie befürchtet, das Bild von ihr könnte ins Wanken geraten.
Gerda hat noch eine ältere Schwester, zu der der Kontakt unregelmäßig ist; die beiden „lassen sich leben", wie Gerda immer zu sagen pflegt. Es scheint, als würde Gerda das Thema Schwester gern umgehen.
Mit der Zeit wird das ständige Angetriebensein zu einem Problem. Gerda ist in materieller Hinsicht mehr als abgesichert, sie ist attraktiv, wohnt in einer komfortablen Eigentumswohnung – und dennoch jagt sie durchs Leben, als würde sie etwas versäumen. Dies macht ihr derart zu schaffen, dass sie dem auf den Grund gehen will. Sie sucht eine Lebensberatung auf und findet dort auch eine geeignete Gesprächspartnerin. Im Laufe der Gespräche wird die Schwester zum Thema – jene Schwester, die auf den ersten Blick keine sonderliche Rolle in Gerdas Leben spielt. Es wird immer deutlicher, dass dies ein Trugschluss ist: Gerdas Schwester Rita spielte sogar lange Zeit eine übermächtige Rolle! „Rita war immer die Nummer Eins! Rita konnte alles, Rita gelang alles! Sie war Vaters Sonnenschein! Ich konnte mich abstrampeln, wie ich wollte: Nie war es genug!"
Es war exakt das ewig bohrende Gefühl, nie genügend zu sein, nie im vollen Umfang den Erwartungen zu entsprechen, das Gerda so rastlos werden ließ. Der Wettkampf mit der großen Schwester schien von Beginn an aussichtslos, da Gerda über

andere Qualitäten verfügte, die jedoch nicht in der Weise gefragt waren.
Gerda ließ Rita leben – im Grunde aber hat sie sie von sich ferngehalten, um nicht noch weiter in diesen Sog zu geraten, sich beweisen zu müssen. Gerda ließ ihre Schwester zudem leben, weil sie ihr doch irgendwann näher sein wollte, als es ihr bisheriger Lebenslauf zuließ. Eigentlich hat Gerda die Hoffnung nie aufgegeben, eines Tages Rita so gegenübertreten zu können, wie sie wirklich ist. Die Formulierung „wir lassen uns leben" ist nichts anderes als die gewollte Neutralisierung ihrer Gefühle; hätte sie die aktuell echten Gefühle zum Ausdruck gebracht, wäre sie Gefahr gelaufen, von grenzenloser Wut überrollt zu werden. Das aber will Gerda nicht, denn sie will ihrer Schwester in dem Gefühl begegnen, angekommen zu sein, nicht mehr hetzen zu müssen.

Bevorzugungen eines Kindes können sich in bestimmten Phantasien über die Persönlichkeit eines Kindes bzw. in versteckten Erwartungen an das Kind niederschlagen. Oft beginnt diese Entwicklung bereits mit sehr frühen Zuschreibungen, die sich zunächst harmlos darstellen. So haben *Bank und Kahn* darauf hingewiesen, dass zum Beispiel ein sehr häufig schreiendes, unruhiges Baby von den Eltern (auch als Reaktion auf den damit verbundenen Stress) schnell auf die Rolle fixiert wird, die zu dem erlebten Verhalten des Babies passen könnte: „Ja, so ist unser Kleiner. Der brüllt, wenn ihm was nicht passt. Der wird sich Zeit seines Lebens rechtzeitig zu Wort melden! Aus dem wird noch etwas!" Nun wird allerdings mit solchen Reaktionen eine Identität des Kindes vorausgesetzt bzw. festgeschrieben, von der in dem Maße keineswegs die Rede sein muss!
Zuschreibungen dieser Art setzen sich dann schnell fort: Mit einem ruhigen Jungen wird postwendend in Verbindung gebracht, dass er dementsprechend unkompliziert und „pflegeleicht" ist; das aktive Mädchen wird als generell nervös und lebhaft festgeschrieben. Im familiären Miteinander geben sich dann Phantasien und Zuschreibungen gern in der Vokabel „typisch" (negativ wie positiv besetzt) zu erkennen: „Typisch Hans, er war schon immer so. Als kleines Kind schlief er schon rund um die Uhr, und heute muss man ihn schon fast zur Schule tragen!"; „Typisch Su-

sanne, die war schon im Kindergarten nicht zu bändigen, und heute mischt sie in der Schule alles auf. Das ist auch richtig so, denn Lehrer wissen schließlich auch nicht alles!"
Derlei Fixierungen auf bestimmte Verhaltensmerkmale laden Kinder nur ein, sich in der angebotenen Rolle einzurichten und den Erwartungen im vollen Umfang zu entsprechen. Dabei müssen sie einen Teil ihrer (nicht gesehenen) Persönlichkeit fast ausblenden. Im Gegenzug suchen sich Geschwister die entsprechende Komplementärrolle (siehe oben), die jedoch auch nicht ihre gesamten Potenziale zulässt. Die Problematik dieser Rollenfixierung wurde bereits angesprochen. Es sei jedoch noch einmal in diesem Zusammenhang wiederholt: Geschwisterstreit droht vor allem dann, wenn zum Beispiel ein Kind – um den Eltern zu gefallen und sich damit aufzuwerten – die negativ gefärbten Zuschreibungen der Eltern gegenüber seiner Schwester oder seinem Bruder bestätigt und wiederholt, sie also adaptiert!
Im späteren Erwachsenalter wirft dann ein Geschwister dem anderen mit unerbittlicher Härte zum Beispiel vor, es habe sich damals doch immer zum lieben Kind gemacht, den Eltern nach dem Mund geredet und dann noch bestehende Vorurteile bekräftigt.

Dass Kinder die Fantasien, Erwartungen und Zuschreibungen gegenüber einer Schwester/einem Bruder leichtfertig übernehmen, ist ihnen nachzusehen; dazu fehlt ihnen in jungen Jahren das Reflexionsvermögen. Zweifel an dem Geschehen kommen erst in den späteren Jahren. Von hoher Empathiefähigkeit im jungen Erwachsenenalter zeugt die folgende Schilderung:

„Dieses Jahr habe ich es geschafft, für meinen Bruder ein Weihnachtsgeschenk zu finden. Ich habe ihm ein paar Socken gestrickt. Und er hat sich ehrlich gefreut. Ich wiederum habe eine Jazz-CD bekommen. Und über diese habe ich mich sehr gefreut. Das ist ja mal ein Anfang, habe ich mir gedacht. Ich weiß nicht viel von meinem Bruder. Gespräche sind eher selten, wenn – dann dürftig und am Telefon. Ungefähr so:
‚*Hallo?'* … ‚*Hallo, ich bin's. Wie geht's?'* … ‚*Gut, ich geb' dir mal die Mama.'*
Mein ‚kleiner Bruder' – 1,5 Jahre jünger – hat ein starkes Bedürfnis, sich abzugrenzen.
Früher hatte er das auch bitter nötig. Ich habe ihn nämlich liebend

gerne herumkommandiert... das Privileg der großen Schwester sozusagen. Bei jeder Gelegenheit, so auch an einem Nachmittag in der Vorweihnachtszeit:
‚So musst du das machen, Fiedi! Du bist der Hirte. Hirten sind auf dem Feld! Also geh' dahinten hin...' Und der kleine Hirte ist auch mit großen Augen in dicker Windel und unsicherem Gang in die andere Ecke des Wohnzimmers marschiert. Dort musste er schweigsam auf seinen Auftritt warten. Währenddessen haben die große Schwester Phi und deren gleichaltrige Freundin eine Herberge gesucht, ein Kind entbunden, mit dem Kind gespielt und dann irgendwann den Hirten wieder zu sich gerufen: ‚Fiedi, jetzt ist der Engel auf dem Feld, du kannst wieder herkommen.'
Und mein Bruder kam wieder angelaufen. Gelegentliche Rebellion seinerseits wurde mit Hauen, Schubsern, aber selten verbal in Zaum gehalten.
Von solchen Attacken mal ganz abgesehen, wollte er auch immer mitmachen. Ich war nicht wirklich viel älter, und was ich bekam, das wollte auch er haben. Ob es sich um den Platz im Kindergarten oder einen Haarreifen handelte, war unerheblich. Wir wurden von vielen Leuten für zwei kleine Mädchen gehalten. Für Zwillinge! Mein Bruder fand das, glaube ich, ziemlich gut; er hat dann verschmitzt gegrinst. Ich wollte unbedingt, dass jeder weiß, dass ich die große Schwester bin.
Für ihn war es bestimmt nicht leicht, als er in den Kindergarten kam. Da hat er begonnen, an der tollen Schwester zu zweifeln, die doch so gerne für ihn Entscheidungen traf. Er hat sich seine eigene Welt aufgebaut – und die war das komplette Gegenteil von der meinen. Ich bekam die Rolle der ‚Vernünftigen'. Er wurde der ‚kleine Lauser', später ein ‚Problemkind', wenn man das so nennen kann. Wir sind schon oft aneinander geraten, und ich habe mich bestimmt mehr als einmal über ihn, seine Art und seine Lebenseinstellung geärgert. Manchmal wären unsere Wege deshalb fast völlig auseinander gegangen ...
Oft kommen Zweifel in mir auf:
Hat er sich diese Rolle ausgesucht? Konnte er den Erwartungen gerecht werden? Welche Phantasien hatten unsere Eltern in Bezug auf seine Person?
Habe ich ihn früher zu viel herumkommandiert und ihn so in diese Rolle hineingedrängt?
Vielleicht stimmt beides ein bisschen.

Für mich ist klar, dass ich ohne meinen Bruder nicht die wäre, die ich heute bin. Er hat mich, mein Leben und Verhalten entscheidend geprägt. Wir teilen die gleichen Erlebnisse: Sommerurlaube in der Bretagne, die Scheidung unserer Eltern, Umzüge und vieles mehr. Unsere Empfindungen bezüglich dieser Erlebnisse sind wohl sehr verschieden. Vielleicht schaffen wir es ja eines Tages, uns von unseren Erlebnissen und Empfindungen zu erzählen. Ich würde es mir wünschen – und vielleicht sind selbst gestrickte Socken und eine Jazz-CD ja ein Zeichen dafür, dass wir beide doch Interesse daran haben, die Welt des anderen kennen zu lernen.
(Sophie Sennlaub, 22 Jahre)

Überaus heikel wird es, wenn zwischen den Ehepartnern grundsätzlich etwas nicht stimmt! Sind die Eheleute mit ihrem jeweiligen Gegenüber nicht zufrieden, vermissen sie bestimmte Anteile in seiner Persönlichkeit, stellen sie fest, dass mit ihr der Lebenstraum nicht in Erfüllung gehen kann, so besteht die große Gefahr, dass sie sich einen „Ersatz" bei bzw. in den Kindern suchen. In solchen misslichen Lagen dient das Kind als Partnersatz. Ersetzen aber kann ein Kind eine Ehefrau/einen Ehemann unter keinen Umständen. Es werden aber dennoch (in erster Linie) emotionale Anteile bzw. persönliche Stärken an das Kind delegiert, damit es Frau/Mann auf Dauer besser geht.

Mütter pflegen dann von ihrem „kleinen Mann" zu sprechen, Väter loben die „kleine Süße" und locken damit ihre Zöglinge unbewusst in einen Hexenkessel der Gefühle. Welches Kind wird sich den Wünschen von Vater oder Mutter widersetzen, wo es doch – speziell in jungen Jahren – in einem so hohen Maße von seiner/ihrer Liebe abhängig ist? Partnerersatzkinder sind emotional völlig überfordert und nehmen einen Platz ein, auf dem sie nichts zu suchen haben!

Es versteht sich von selbst, dass Geschwister der in dieser Weise tragisch Bevorzugten solche Vorgänge mit Argwohn und grenzenloser Wut beobachten. Sie fühlen sich fehl am Platze, ausgebootet, missachtet.

Umgarnt die Mutter ihre Älteste ständig mit „Wenn ich dich nicht hätte ...", so fragt sich die jüngere Schwester nicht ohne Grund, was sie dabei noch zu suchen hat.

Geschwister, bei denen eines die Rolle des Elternteils übernehmen musste, sind nicht selten für immer zerstritten.

Von einer „Parentifizierung" sprechen wir dann, wenn ein Kind die Rolle eines Elternteils übernehmen muss und es dabei zusätzlich zu einer Rollenumkehr kommt: Ein Elterteil übernimmt die Rolle des Kindes. So gibt sich die Mutter wie eine kleine Prinzessin, die von ihrem Prinzen, dem Sohn, bewundert und umgarnt wird. Eine solche Machtposition zieht ebenfalls Wut und Neid bei den Geschwistern nach sich. Im Laufe der Zeit kommt es zu einer Abgrenzung, die sich auch später nur schlecht überwinden lässt.

Schließlich kam und kommt es in Familien vor, dass Väter oder Mütter ein Kind regelrecht ablehnen. Die Ursachen für diese tragische Lage sind sehr vielschichtig. Väter erleben sich gerade dann schnell in einer solchen Lage, wenn ihnen der Sohn zum Beispiel zum (unbewussten) Konkurrenten erwächst, weil er besser Fußball spielt, besser musiziert, sich kommunikativer zeigt oder schlicht (im späteren Jugendalter) attraktiver ist als der Vater, der gerade kräftig gegen sein Übergewicht anzukämpfen hat.

Ablehnung kann sich auch aus Enttäuschung über nicht erfüllte Erwartungen entwickeln. Will die Tochter nicht die lokale Größe im Ballett werden, schlägt die anfängliche Begeisterung für die Kleine schnell in das Gegenteil um. Folgt der Filius seinem Vater, einem passionierten Angler, nach anfänglicher Euphorie nur noch auf Drängen und entwickelt sich überhaupt in eine ganz andere, nicht gewünschte Richtung, so kann der Vater sich ablehnend zeigen.
Merken Eltern, dass ihr Erziehungsstil nicht fruchtet, flüchten sie gerne in die (ablehnende) Haltung, bei diesem Kind sei ohnehin „Hopfen und Malz verloren".

Liegt ein partnerschaftlicher oder ein gesamtfamiliärer Konflikt vor, so dient bedauerlicherweise das „Problemkind" als „Sündenbock". Auf dieses/diesen werden dann (natürlich unbewusst) alle Schwierigkeiten geschoben, die sich auftun. Ein solches Vorgehen entlastet scheinbar die Eheleute, lässt aber das „Problemkind" unter der Last schnell zusammenbrechen.

Ähnlich kompliziert wird es, sollten Eltern Bilder ihrer eigenen Geschwister auf ein Kind projizieren. Sieht zum Beispiel die Mutter in ihrem jüngsten Sohn ihren von ihr verhassten Bruder, so kann dieser sich noch so anstrengen, aus diesem Dilemma herauszukommen. Die Mutter andererseits läuft große Gefahr, sich ihm gegenüber abweisend, ablehnend zu zeigen.

Geschwistern von abgelehnten Geschwistern gelingt es kaum, ihnen aus der schlimmen Lage herauszuhelfen. Sie müssen sich, wie oben bereits erwähnt, Sorgen machen, in eine ähnliche Lage zu gelangen. Um nicht über die aufkommenden Konflikte zu verzweifeln, tun sie es ihren Eltern gleich, schließen sich der Meinung der Eltern an und halten sich das „böse Kind" vom Leib. Ihr leichtfertiges, sie aber schützendes Motto: „Selber schuld!"
Die „guten Kinder" kommen jedoch auch nicht schadlos davon, denn für ihre Konformität zahlen sie einen hohen Preis, da sie sich stark auf die Wünsche ihrer Eltern konzentrieren.

Es ist sehr schwer, wollen Geschwister, von denen eines über längere Zeit in der Familie abgelehnt wurde, später einmal wieder zusammenfinden. Die geschlagenen Wunden heilen – wenn überhaupt – nur langsam.

Es gibt also eine stattliche Zahl von elterlichen Fehlleistungen, die einen Beitrag dazu leisten können, dass geschwisterliche Liebe in Rivalität umschlägt. Je ausgeprägter die anfängliche Irritation der im Grunde tiefen Zuneigung zwischen Geschwistern war, umso schwerer kann es später werden.

Doch Vorsicht! Um es noch einmal zu wiederholen: Eltern inszenieren solche Spannungen nicht, sie sind letztlich Menschen und damit nicht ohne Fehler!
Eltern sind auch irgendwann einmal mehr oder minder richtig oder falsch erzogen worden, sie haben ebenso ihre freudigen oder weniger erfreulichen Erfahrungen mit Geschwistern gemacht!

Wir haben als Geschwister nie dieselben Eltern bzw. die gleiche Umgebung. Zwar wird gerne das Image der uneingeschränkt gerechten und alle Familienmitglieder in gleicher Weise liebenden Familien präsentiert, jedoch ist und bleibt dies eine Illusion. Eltern behandeln ihre Kinder ungleich – das widerspricht ihrer Absicht und Überzeugung, dennoch ist es so. Warum die so ist, bringt *Petri* anschaulich auf den Punkt:

„Jedes Kind trifft bei der Geburt auf eine veränderte Familienkonstellation. Ob es das erste, zweite oder dritte Kind ist, stellt nur einen Faktor dar. Wichtiger ist, dass sich die emotionale Beziehung der Eltern zueinander, ihre persönliche Reife, ihre Auffassungen über Erziehungsziele, ihre seelische und körperliche Verfassung und nicht zuletzt ihre soziale Situation in einem ständigen Wandel befinden. Diese Erfahrungen spiegeln sich in einem wechselnden Grad der gefühlsmäßigen Resonanz auf die Kinder wider. Diese hängt außerdem entscheidend von den Kindern selbst ab. Geschlecht, Alter, Intelligenz, Begabung, Aussehen, Charakter, Temperament, Sensibilität und soziale Anpassungsfähigkeit sind die wichtigsten Kriterien, in denen sich die Geschwister unterscheiden. Alle diese Faktoren können mit den entsprechenden Anlagen der Eltern harmonieren, viele weichen jedoch mehr oder minder ausgeprägt von ihnen ab. Die Kombination der zahlreichen Möglichkeiten schafft eine unterschiedliche Bereitschaft bei den Eltern, ihre Kinder innerlich voll anzunehmen, oder führt dazu, dass sie bewusst oder unbewusst ihr Kind gesamthaft oder in bestimmten Bereichen ablehnen."

In diesem Kapitel ging es somit ausschließlich darum, auf Konfliktpotenziale, unbewusste Prozesse, Schwächen aufmerksam zu machen. Diese konnten nur skizziert, nicht in ausführlichen Zusammenhängen dargestellt werden.
Es bleibt unzweifelhaft: Wer sich mit den Bedingungsfeldern einer von Konflikten begleiteten oder gestörten Geschwisterbeziehung auseinander setzen will, kommt an den Eltern nicht vorbei.

Den Eltern zum Troste: Ihre Kinder werden wahrscheinlich auch wieder Kindern das Leben schenken. Und eines Tages werden sich eben diese Kinder – liebevoll, aber nicht unkritisch – über die Schwächen und Fehler ihrer Eltern austauschen. Dies bedeutet aber nicht, dass sie ihre Liebe zu ihnen aufkündigen!
Zu einer Klärung einer Beziehung gehört auch unter Umständen das Verzeihen! Doch dazu später!

7. Gesichter der Geschwisterrivalität

Mit dem bisher Erarbeiteten sind Leserinnen und Leser die sehr vielfältigen Rahmenbedingungen für ein intaktes geschwisterliches Miteinander unter verschiedenen Fragestellungen näher gebracht worden. Gleichzeitig wurden Bedingungsfelder umrissen, die zu einem Harmonieverlust zwischen Geschwistern – früher oder später – führen und im schlimmsten Fall letztlich in ein Aufgeben dieser so wichtigen Beziehung münden können.
Mit diesem Kapitel soll konkret der Aspekt der Rivalität zwischen Geschwistern beleuchtet werden. Es geht um die Frage, wie sich Rivalität aus welchen Beweggründen in welcher Phase des Lebens artikuliert. Wie bei den vorangegangenen Kapiteln muss dabei der Anfang in den frühen Beziehungen gemacht werden, denn Rivalität hält nicht Einzug in das Leben zwischen Geschwistern wie ein plötzlich hereinbrechendes Aprilunwetter.
Zudem soll ausführlicher dargelegt werden, wie bzw. unter Anwendung welcher versteckten Strategien sich Geschwister (auch als Erwachsene) in Konfliktsituationen verhalten.
In den später folgenden Ausführungen zu Strategien der Überwindung von Geschwisterkonflikten wird es zu einer der wesentlichen Aufgabe gehören, an der eigenen Geschichte zu arbeiten. Deshalb seien Leserinnen und Leser bereits jetzt eingeladen, die nun folgenden Überlegungen unter Einbeziehung ihrer persönlichen Erfahrungen zu studieren.

Als Einstieg mögen zwei persönliche Fallbeschreibungen dienen:

„Ich wollte eigentlich schon immer einen großen Bruder haben, der mich beschützt, überall hinfährt und immer für mich da ist. Aber NEIN, einen größeren, älteren Bruder habe ich natürlich nicht bekommen, dafür drei kleinere Geschwister, und nun bin ich diejenige, die die drei immer rumkutschieren und auf sie aufpassen muss. Älteste zu sein ist in Bezug auf Geschwister ziemlich schwierig, man ist sozusagen das ‚Versuchskaninchen' der Eltern. Wie oft hab

ich mich geärgert, dass meine Geschwister Dinge machen durften, die ich nie hätte tun dürfen! So wollte ich immer ein Schlagzeug bekommen, durfte es aber nie, weil es ja zu laut ist! Mein kleiner Bruder hat dann aber zur Kommunion eines bekommen! Seltsam!
Oder man muss zuhause bleiben und babysitten, wenn man doch eigentlich was viel Besseres zu tun hat, das nervt manchmal schon ganz schön.
Bis ich 10 wurde, war ich mit meinem 1,5 Jahre jüngeren Bruder allein; und dann kamen noch zwei Nachzügler. Ein Junge, mittlerweile 11, und ein Mädchen, 9 Jahre.
Am Anfang hatte ich eine starke Abneigung gegen sie. Alles drehte sich nur noch um die Kleinen, und für die Großen blieb keine Zeit. Doch mittlerweile will ich sie echt nicht mehr missen. Auch mit meinem anderen Bruder hatte ich lange Zeit ein richtig schlechtes Verhältnis. Wir kamen kaum miteinander klar und haben uns um jede Kleinigkeit gestritten; das fing an mit der Fernbedienung und setzte sich dann beliebig fort. Es konnte auch schon mal so weit eskalieren, dass wir uns richtig geprügelt haben.
Einmal habe ich ihn mit dem Staubsaugerstab geschlagen, zum Glück ist ihm da nichts passiert. Im Nachhinein tat es mir auch leid, aber das will man ja dann nicht zugeben.
Doch dann wurde mein Bruder so langsam stärker und größer als ich; dann habe ich mich nicht mehr getraut, gegen ihn aufzumucken. Aber die Streitigkeiten blieben auch, als wir älter wurden; dann begann er meine T-Shirts zu tragen, sich immer weiter unerlaubt meine Sachen zu nehmen; er breitete sich in meinem Zimmer aus, da mein Zimmer größer war und ich einen eigenen Fernseher hatte. Und er nervte immer weiter."

(Brigitte Esser, 21 Jahre)

„*Noch vor Jahren hätte ich geschworen, zwischen meiner Schwester und mir hätte es keine Konkurrenz und keine Rivalität gegeben. Immer ein Herz und eine Seele – wohl mal der eine oder andere Streit, ja, sicher, einmal habe ich ihr auch mit einem spitzen Bleistift ein Loch in den Kopf gehauen oder auch mal ihr schönstes Bild, das sie für den Malwettbewerb der Zeitung gemalt hatte, aus Wut zerfetzt – aber ansonsten? Alles in bester Ordnung.*
Über die Jahre, vielleicht auch über die Beobachtung meiner eigenen Kinder, habe ich gelernt, manche Dinge anders wahrzunehmen. Und plötzlich fallen mir die Dinge des heutigen Lebens auf,

insbesondere dann, wenn es um unsere Eltern geht. Da überschlägt sich jede vor Eifer, die Vorzeigekinderchen zu Weihnachten unterm Tannenbaum mit Blockflöte oder Geige zu präsentieren, da wird gekocht und eingelegt, wenn der Besuch sich ankündigt, da wird erzählt und erzählt – und eigentlich immer nur darüber, wie gut und richtig man doch alles macht!

Wenn es heute noch nötig ist, so um die Anerkennung der Eltern zu buhlen, wie nötig muss es früher gewesen sein! Man sagt landläufig, jedes Kind suche sich den Platz, der noch nicht besetzt durch Geschwisterkinder ist. Wenn das nun der Platz des ewig unordentlichen, vergesslichen, verträumten, unbegabten oder aufmüpfigen ist – bitte schön! So war es bei meiner Schwester; sie hatte sich den schwierigeren Platz ausgesucht: Künstlerisch begabt und schlecht in der Schule, da konnte man wenig Begeisterung ernten.

Ich war die jüngere und die, die in vielerlei Hinsicht auftrumpfen konnte. Seht her, unsere Jüngste, alles Einsen und sprachbegabt, aus dem Mädchen wird mal was! Nur die ostpreußische Oma ließ sich nicht beeindrucken und warf mir vor, ich mache mich zum ‚lieben Kind'.

Wohl gab es auch die andere Seite. Wir waren nur 1,5 Jahre auseinander und sahen uns zudem ähnlich. So liebten wir es besonders als größere Kinder, uns gleich anzuziehen, und hatten unseren Spaß daran, dass Leute, wenn sie uns zusammen sahen, laut ausriefen: ‚Huch, das sind ja zwei!'

Später habe ich erfahren, dass meine Schwester eigentlich eine Zwillingsschwester hatte, die aber schon in der frühen Schwangerschaft irgendwie verloren ging; der Arzt hätte das festgestellt. Vielleicht war das ja der Grund dafür, dass wir über längere Zeit diese Ähnlichkeit so zelebrierten? Vermisste meine Schwester ihr unbekanntes Pendant?

Diese Ähnlichkeit machten wir uns auch später zunutze – bei der Klassenfahrt nach Berlin z.B., als meine Schwester mit meinem Reisepass in die DDR einreiste. Nur bei meinem Erscheinen in der Englischklasse meiner Schwester zur Klassenarbeit scheiterten wir an den aufmerksamen Augen der Lehrerin.

Das war dann schon die Zeit, in der man ohnehin vor allem und am innigsten verbunden war in dem Bestreben, sich gegen die Eltern zu verbünden und sich gegen sie durchzusetzen, als alles zu Hause schwierig und relativ ungemütlich wurde, so mit 15, 16 war das.

Ich kann mir gar nicht vorstellen, wie meine Entwicklung ohne meine Schwester gewesen wäre, so untrennbar ist diese Zeit mit ihr verbunden.
Inzwischen wohnen wir in verschiedenen Städten, und nur noch mein Mann ist genervt, wenn wir stundenlang telefonieren und uns über die Farbgebung der neuen Polsterstoffe unterhalten. Darüber sind wir uns immer noch einig. Über alles reden wir im Übrigen nicht, denn meine beste Freundin ist meine Schwester keinesfalls. Einfach nur meine Schwester eben."
(„Amie", 42 Jahre)

Die hier vorgestellten Beispiele geben in lebendiger Weise Details von typischen Spannungen zwischen Geschwistern wieder. In beiden Fällen ist es zum Glück zu keinen irreparablen Schäden gekommen.
Je nach Lebensphase sind Unterschiede in Konflikten festzustellen. Sofern Geschwisterbeziehungen einen „normalen" Verlauf nehmen, bildet sich nach der anfänglich intensiven kindlichen Rivalität in den späteren Jahren eine dem Alter entsprechende (eher gemilderte) Form der Konfliktbewältigung heraus.

Die Entwicklungsphase in der Kindheit ist naturgemäß eine entscheidende Zeit voller Spannungen, da die Familie ihre endgültige Struktur noch nicht entwickelt hat, sich ständig ändert, neu formiert und arrangiert. Brüder und Schwestern werden sich wahrscheinlich nie wieder körperlich und emotional so nahe sein, was die Rivalität in diesen Jahren stark und offen werden lässt – denn Kinder sind in diesem Lebensabschnitt die direkten Objekte des Neides.
Entwicklungspsychologen sehen in dem „täglichen Zoff" im Kinderzimmer, dem „Trainingsraum für das Leben", dem Zentrum des immerwährenden Buhlens um die elterliche Liebe, kein unmittelbares Drama, solange sich die auftretenden Rivalitäten „im Rahmen" halten bzw. von den Eltern nicht nur durch Verbote oder Einteilungen in „gut" und böse zwar ausgebremst, aber nicht geklärt werden. Generell neigen Eltern dazu, zu früh einzuschreiten, weil ihnen das aufkommende Aggressionspotenzial ihrer Sprösslinge Sorgen bereitet.
Nach *Petri* geht es um die entscheidende Frage, inwieweit es dem Kind gelingt, gerade die frühkindlichen Impulse von Neid, Gier,

Wut, Hass, Protest und Widerstand gegen ambivalent besetzte Objekte (Mutter, Vater, Geschwister) zu **überwinden**. Nehmen diese destruktiven Gefühle das Kind ungemindert ein, kann die Entwicklung von **Dankbarkeitsgefühlen** blockieren. „In Geschwisterbeziehen" aber, so *Petri*, „in denen kein wechselseitiges Gefühl der Dankbarkeit besteht, dürfte auch die Geschwisterliebe kaum jemals einen größeren Platz eingenommen haben."

In Pubertät und Adoleszenz, der Phase der brüchigen Identität, lässt sich die autonome **Selbstfindung** oft nur dadurch erreichen, dass alles ausgestoßen und abgestoßen wird, was diese verhindert. Die Werteordnung von Eltern und der Gesellschaft wird bekanntlich auf den Kopf gestellt. Dabei kann es dazu führen, dass, da neue, andere Identitätsobjekte vorrangig erscheinen, Geschwister ausgegrenzt und mit Anfeindungen überschüttet werden – so sie sich nicht als Bündnispartner beim Ablegen der Fesseln der alten Familienstrukturen eignen oder anbieten. Das Gleiche und Ähnliche wird wie eine zu enge Haut abgelegt. Dieser Ablösungsprozess kann zu massiven Enttäuschungen, Missverständnissen und Kränkungen zwischen Geschwistern führen!

In dieser Zeit, in der sich so vieles um die alles entscheidende Frage nach der Gerechtigkeit dreht, können Geschwisterkonzepte kollidieren, wenn der „Rebell" mit der/dem „Angepassten" an einem Tisch sitzen muss und diese/dieser auch sichtlich mehr Wohlwollen bei den Eltern findet.

Der nachfolgende Text macht die pubertären Spannungen sehr gut deutlich:

„Einen großen Bruder zu haben, ist das Schönste auf der Welt. Das denke ich jedenfalls heute. Früher war das anders.

Als wir beide in der Pubertät waren, mein Bruder ist zwei Jahre älter als ich, fingen wir an, gar nichts mehr gemeinsam zu haben. Es gab nur noch die Eltern als verbindendes Element.

Ich lebte mein Leben und er seines. Falls wir uns doch mal zu Haus begegneten, dann krachte es fast immer gewaltig. Ich wusste genau, wie ich ihn provozieren konnte, und umgekehrt.

Aber auch Streiten hat seine guten Seiten. Ich habe in dieser Zeit sehr viel gelernt: Durchsetzungsvermögen, aber auch mal nachgeben können. Und ich habe erkannt, was es heißt, einen großen Bru-

der zu haben. Wir konnten noch so zerstritten sein, wenn etwas war, war er immer da für mich! Und wird es immer sein. Zum Glück. Denn wenn ich meinen Bruder nicht hätte, wäre ich heute ein völlig anderer Mensch.

(Katharina Kämpfe, 23 Jahre)

In den mittleren Jahren tendieren wir dazu, uns noch weiter von unseren Geschwistern zu entfernen, da andere Prioritäten unser Leben bestimmen. Dies bedeutet jedoch keineswegs, dass der Konkurrenzkampf ausbleibt, die Rivalität zeigt sich eher in einem Schutzwall höflicher (zum Beispiel im verdeckten Wettstreit um die „richtige" Erziehung des Nachwuchses) oder geographischer Distanz!

Hin und wieder überkommen die erwachsen gewordenen Geschwister schon fast sentimentale Gefühle, wenn sie sich an die schöne Zeit der gemeinsamen Jahre erinnern. Sie beginnen diese manchmal zu vermissen, wie der folgende Auszug aus einem Bericht zeigt:

„Als ich zehn und mein Bruder zwölf Jahre alt war, bekamen wir ein kleines Brüderchen. Mein älterer Bruder war ziemlich eifersüchtig, aber bei mir war die Freude riesig: endlich eine Puppe! Wir verstanden uns eigentlich immer perfekt, alles haben wir uns erzählt und anvertraut, die erste Zigarette gemeinsam geraucht und die Grenzen des Alkoholkonsums ausgetestet. Oft habe ich ihm, dem Benjamin, das Taschengeld aufgefrischt oder andere Sachen zugeschoben – so wie ich es vielleicht auch gerne in dem Alter gehabt hätte. Es war eine tolle Zeit. Etwas gelöst hat sich das Verhältnis dann leider, als die ersten ‚festen Beziehungen' anfingen. Schade, manchmal vermisse ich sie.

Es gab viele Situationen im Laufe der Jahre, und rückblickend kann man sagen, sie haben uns zusammengeschweißt. Jede auf seine eigene Art und Weise. Auf Familientreffen sind es herrliche Geschichten, die uns alle zum Lachen bringen und unsere Eltern zum Staunen! Was kann schöner sein? Es ist schön, Geschwister zu haben, und manchmal fehlen mir die Jahre der frühen Kindheit und Jugend!"

(Lisa Frieling, 36 Jahre)

Sind die späteren mittlere Jahre erreicht (45-65 Jahre), so liegen meistens die Meilensteine des Lebens hinter uns. Viele erleben diese Zeit als Phase der Wiedergeburt der Intimität zwischen Geschwistern. Eine solche Wiedergeburt wird jedoch verhindert, wenn noch „alte Rechnungen" offen sind.
Es ist die Lebensphase des hohen Alters der Eltern. Krankheit, Behinderung, Tod und der sich anschließende Streit um das Erbe (der finalen Frage: Wurde ich wirklich von meinen Eltern geliebt?) stellen die Geschwister vor große Herausforderungen. Der Tod der Eltern kann eine bestehende Kluft zwischen Geschwistern wieder aufbrechen lassen, da die versöhnende Energie plötzlich fehlt.

In den späten Lebensjahren verspüren die meisten Menschen ein starkes Bedürfnis nach Nähe zu Brüdern oder Schwestern. Sie beginnen wieder verstärkt, Interesse für das Leben des anderen zu zeigen. Die alten Geschwister sind das letzte Bindeglied zu der ursprünglichen Familie, so dass die noch „übrig Gebliebenen" wieder an Wert gewinnen. Sind Geschwister im hohen oder gar höheren Alter zerstritten, so hat das Übel in den meisten Fällen längst vorher seinen Lauf genommen.

Fassen wir also zusammen, wie sich Rivalität im Laufe des Lebens unter Geschwistern darstellt und entwickelt. Geschwister rivalisieren auf den Ebenen:

- Liebe, Zuwendung und Anerkennung der Eltern (elementares Bedürfnis),
- schulischer Erfolg, Leistung, Ausbildung,
- Einkommen,
- Berufswahl und beruflicher Erfolg,
- Intelligenz,
- Attraktivität, Schönheit, sexuelle Anziehungskraft,
- Identität bzw. Selbstbewusstsein,
- finanzielle Unabhängigkeit, Erfolge in der Lohnskala („Mein Haus, mein Auto, mein Urlaubsdomizil, meine Skiausrüstung, …") – Statussymbole,
- zwischenmenschliche Beziehungen (Beliebtheit, Freundeskreis, Anerkennung durch Gruppen),
- Ansehen,
- Chancen bzw. Zufriedenheit in den Partnerbeziehungen.

Rivalität wurde von den Eltern eingeleitet, indem sie Vergleiche offen oder verdeckt anstellten. Aufrechterhalten wurde die einsetzende Rivalität durch anhaltende Bevorzugung eines Geschwisters durch die Eltern, durch Ausgrenzung, Rollenzuweisungen und Etikettierungen, durch fortdauernde Konkurrenz zwischen den Geschwistern im Lauf der Jahre.

Rivalität kann von einem der beteiligten Geschwister ausgehen, sie kann sich aber auch wechselseitig zeigen.

Ersatzschauplätze
Karin berichtet über ihre Familie.
Sie ist die Älteste, ihr folgten ein Bruder und eine Schwester, die deutlich jünger waren als sie. Als erstgeborenes Kind ein Mädchen: Der Vater war – so waren die Zeiten damals – enttäuscht, keinen Sohn bekommen zu haben. Dies lässt er die Tochter spüren, indem er ihr missmutig gegenübertritt und sichtlich wenig von ihr zu halten scheint. Karin bäumt sich gegen diese Geringschätzung auf, indem sie sich für die Rolle der „Kummerlieferantin" in der Familie entscheidet.
Die beiden anderen Geschwister scheinen willkommener; sie zeigen sich schnell moderater, dankbarer, fleißiger. Karin muss bei ihnen erzieherische Aufgaben übernehmen – was ihre Wut nur nährt.
Im Gegensatz zu Bruder und Schwester ist ihre schulische Laufbahn eine ziemliche Tragödie. Schnell löst sie sich vom Elternhaus, da sie das Gefühl hat, in dieser Familie bzw. im Schatten ihrer braven Geschwister keinen Raum zu finden. Ein Gespräch mit den Eltern ist nicht möglich, da der Vater einem antiquierten Rollenverständnis anhängt, keine Diskussionen mag und einen autoritären Erziehungsstil bevorzugt. Die Mutter leidet unter den Entwicklungen, kann sich aber als Reaktion darauf nur „maßlos enttäuscht" zeigen, statt nach den Gründen für Karins spektakuläres Verhalten zu fragen.
Die Rivalität mit den aus ihrer Sicht bevorzugten Geschwistern bleibt völlig unausgesprochen.
Erfolgreiche Studien und gesellschaftliche sowie private Anerkennung bei Bruder und Schwester steigern Karins alten Zorn – den Zorn derjenigen, die nie so richtig gesehen wurde.

Am späteren Erwachsenenalter zeigt sich Karin auf Familienfeierlichkeiten moderat ihren Geschwistern gegenüber, sie merkt jedoch immer wieder, dass etwas in ihr brodelt, was vor vielen Jahren seinen Anfang nahm.
Es gelingt ihr nicht, das Gespräch mit den Geschwistern zu suchen, die das „schwarzes Schaf-Konzept" über ihre Schwester längst verinnerlicht und nie hinterfragt haben.
Karin entscheidet sich für einen verdeckten Kampf mit ihren Rivalen in Gestalt eines unaufhörlichen Präsentierens von Besitz, Status ihres erfolgreichen Ehemannes, Erfolgen der beiden Töchter ... Die Geschwister lassen sich darauf ein und „bieten mit". Familientreffen, die (unbewusst) eigens der Zurschaustellung des neu Erreichten dienen, gleichen mehr einer Produktpräsentation als einem Miteinander von Geschwistern.
Die Rivalität – nie zur Sprache gekommen – zeigt sich in bizarren Bildern.
Karin findet auf diesem Wege Genugtuung, glücklich aber ist sie dabei nicht!

Eine Sonderform der Rivalität, die eigentlich keine sein „darf", droht, wenn Krankheit oder Behinderung von Anfang an die Geschwisterbeziehung vor eine Herausforderung stellen. Diese Problematik sei hier kurz skizziert, da sie nicht selten ist und die Betroffenen in moralisch-ethischer Hinsicht sehr fordert.
Ein krankes Kind, das versteht sich von selbst, bedarf der besonderen Aufmerksamkeit und Pflege der sich ständig sorgenden und fragenden Eltern, die – je nach Grad der Erkrankung oder Behinderung – oft genug an ihre physischen und emotionalen Grenzen stoßen. Parallel zu diesen Anstrengungen wollen sie dem oder den gesunden Kind/Kindern verständlich machen, dass es einen Unterschied gibt bzw. geben muss. Im günstigen Fall gelingt es, gesunde Geschwister in einen Alltag einzubinden, dessen Rhythmus von den Bedürfnissen des beeinträchtigten Kindes dominiert wird; im schlechtesten Fall erwarten die Eltern, verbunden mit dem bloßen Appell an die Solidarität der Gesunden, eine uneingeschränkte Rücksichtnahme. Zwar gibt es hoffnungsvoll stimmende Beispiele dafür, dass in solchen Familien dennoch Gerechtigkeit gelebt wird und gesunde Kinder durch die Besonderheit der Lage auch wachsen können, dennoch sei darauf hingewiesen,

dass ihnen eine Menge abverlangt wird. Die mit Krankheit oder Behinderung eines Familienmitglieds verbundene Notwendigkeit, Größe (im Gewand von Verzicht und jederzeit „abrufbarer" Empathie) zu zeigen, kann überfordern und Wut darüber aktivieren, dass es so ist. In einer solchen Situation sind Krankheit und Behinderung die „Rivalen", die Verbitterung über dieses Schicksal erleben die Gesunden aber **personenbezogen:** Sie haben das Gefühl, dass ihnen das nicht gesunde Geschwister etwas „nimmt" und die Eltern ihm eigentlich doch zu wenig geben.

Besonders problematisch ist es, wenn einem gesunden Erstgeborenen ein krankes/behindertes Geschwisterchen folgt, denn dann steht (gerade in jungen Jahren) die Welt auf dem Kopf.

Sehr differenzierte Arbeiten und Konzepte beschäftigen sich zum Glück intensiv mit dieser Problematik, auf die hier nicht weiter eingegangen werden kann.

Wie sehr Krankheit oder Behinderung den Gefühlshaushalt eines Kindes ins Wanken bringen können, sei mit den folgenden Berichten dokumentiert:

„Die Geschichte zwischen mir und meinem Bruder – eine zwischen Hoffen und Bangen, Freude und Last, Hilfe anbieten und angenervt sein – ewigem Zweifel, aber getreu dem Motto: Geliebt zu werden hilft, seines eigenen Glückes Schmied zu werden.
Es sah nicht gut aus, damals nach der Geburt meines Bruders. Sein Blut hätte dringend ausgetauscht werden müssen, wie es bei mir als Neugeborener der Fall war. Die Blutgruppen meiner Eltern vertrugen sich nicht. Der damalige Kinderarzt sagte über meinen Bruder mehrmals zu meinen Eltern: ‚Ihr Sohn wird lange in der Entwicklung verzögert bleiben, immer einige Jahre zurück. Denn das Blut, das hätte unbedingt ausgetauscht werden müssen. Jetzt ist es zu spät. Folge: Sie müssen üben, üben, bis es nicht mehr geht.' Der Arzt meinte mit diesen Worten die Dinge des praktischen Handelns im Alltag, Hausaufgaben in der Schule und weitere Aufgaben – eben immer wieder Lernaufgaben. Mir kommt es heute noch so vor, als hätte ich als damals Vierjähriger neben dem Arzt gestanden und alles mitbekommen. Es klang alles so bedrohlich! Eines gelang mir im Gegensatz zu meinen Eltern erst sehr viel später: Dieses ärztliche Versagen des nicht vorgenommenen Blutaustausches zu akzeptieren; hatten doch die Ärzte eigentlich dafür gesorgt, dass mir zukünftig sehr viel fehlen

würde. So sah ich das als Kind und Jugendlicher noch eine ganze Zeit.

Dann bekam ich zunehmend Mitleid mit meinem Bruder und wollte ihm helfen, irgendwie. Ich, mittlerweile 17 Jahre alt und Messdienergruppenleiter, nahm ihn zu meinen Exkursionen mit der Messdienergruppe auf Tour, achtete dort und anderswo darauf, dass er nicht zu schwere Aufgaben (z. B. bei Gruppen-Spielen) lösen musste, und versteckte ihn ein bisschen. Denn manchmal wollte ich gar nicht, dass er als mein Bruder zu erkennen war! Ein fast permanenter Wechsel zwischen sich schämen und ihn doch lieben, zwischen Fürsorge und ‚ich will dich nicht mehr sehen'. Eine insgesamt lange Achterbahnfahrt unterschiedlicher Gefühle, bei der nicht nur in der Pubertät bei mir vieles zu kurz kam. Meine Eltern kümmerten sich überwiegend um ihn und hatten für mich nicht die Zeit, die ich gerne mit ihnen gehabt hätte. So wurde mein Bruder mein Rivale, manchmal sogar mein Erzfeind.

Mein Bruder, ein Grenzfall, zwischen behindert und nicht behindert, schwer zu fassen. Obwohl doch mein leiblicher Bruder, dachte ich mir manchmal: Besser, er wäre ‚richtig behindert', dann würde man wenigstens wissen, wie mit ihm umzugehen ist. Wie naiv!

Denn mein Bruder bekam die Kurve, ohne meine Hilfe! Er entschied sich für einen Beruf, der zu ihm passt und auf den wir alle nicht gekommen wären: Masseur und medizinischer Bademeister. Ausgerechnet er, dieser ehemalige unansehnliche Zentner-Klotz!

Wie es zu dieser Wende kam? Er nahm plötzlich aus heiterem Himmel 35 Kilo ab, konzentrierte sich auf das Wesentliche, machte mit 38 Jahren Fahrstunden, dann den Führerschein und sagte sich: Schritt für Schritt werde ich es schaffen!

Und im Frühjahr 2007? Die Achterbahnfahrt ist beendet, die Koordinaten haben sich verschoben. Er lebt sein Leben, ich meines. Zwei sehr unterschiedliche Leben. Wahrscheinlich war es das, was die Zauberformel für seine Wandlung war: Ich akzeptierte sein Leben, und er entwickelte sich ohne direkte Hilfe meinerseits, aber immer mit dem Gefühl, von mir trotz allem sehr geliebt zu werden. Er wurde sicherer, mutiger und traute sich vieles alleine zu.

Ich weiß nicht, wie schrecklich er damals meine Wutausbrüche gegen ihn und gegen dieses Schicksal fand.

Ach ja: Er fährt nicht nur besser Auto als ich, sondern auch gerne Achterbahn, wohingegen ich mich bis heute nicht einmal in ein Riesenrad traue.

Er, mein ehemaliger Rivale, von dem ich so oft meinte, er könne doch gegen mich keine Chance haben, hat ganz schön aufgeholt – wenn er auch anders ist und anders bleibt.
Manchmal schäme ich mich, dass es so gelaufen ist! Aber dann denke ich wieder daran, dass mir sehr viel abverlangt wurde ..."
(Helmuth, 39 Jahre)

„Mein Bruder Dominik ist ca. 2 Jahre jünger als ich. Als er ungefähr 2 Jahre alt war, bekam er eine schwere Hirnhautentzündung.
Dabei zog er sich eine schwere Hörschädigung zu. Auf einem Ohr ist er komplett taub, auf dem anderen Ohr hört er nur noch die Hälfte. Zudem ist er geistig etwas zurückgeblieben. Er ist ungefähr auf dem Stand eines 12-Jährigen stehen geblieben. Das heißt, er ‚hängt' jetzt ungefähr 13 Jahre ‚hinterher'. Zudem gilt er als hyperaktiv!
Es war nicht immer gerade einfach, mit ihm zu leben und umzugehen. Er lebte nun mal irgendwie in einer anderen Welt, in seiner Welt.
Unsere gemeinsame Stiefschwester musste als Kleinkind besonders unter ihm leiden. Er brach ihr einen Arm, fügte ihr sogar Kopfverletzungen zu. Auch ich musste hin und wieder unter seinen ‚Ausrastern' leiden.
Aufgrund seiner Behinderung konnte er keinen Schulabschluss machen bzw. keine Berufsausbildung abschließen.
Und doch ging er seinen Weg. Seit einigen Jahren arbeitet er in einem großen Altenheim und übernimmt durchaus verantwortungsvolle Aufgaben. Der Umgang mit hilfsbedürftigen Menschen bereitet ihm große Freude.
Seine ‚Selbstständigkeit' versucht er auch seit einigen Jahren in seinen eigenen vier Wänden zu leben. Wobei ich sagen muss, dass das nicht immer gelingt. Aber egal was ist, ob er meine Hilfe annimmt oder nicht, ich wäre immer für ihn da. Früher war meine Wut manchmal groß über ihn und seine Besonderheiten, heute bin ich froh, dass er mein Bruder ist!
(Simone Kämper, 27 Jahre)

Nun aber zurück zu den Rivalitäten zwischen Geschwistern im Kontext, der nicht von Krankheit oder Behinderung geprägt wird!
Um Konflikte und seit langer Zeit bestehenden Ressentiments besser erkennen zu können, ist es empfehlenswert, sich genauer

anzuschauen, wie rivalisierende Geschwister miteinander kommunizieren, wie sie miteinander streiten bzw. welche Haltung sie dabei einnehmen.

Es wird zwischen folgenden Typen unterschieden:

- „Ich meine es doch nur gut mir dir!"

Solche Geschwister sehen sich ständig auf der guten Seite, betonen ihre Unschuld und sehen in ihren Geschwistern die Bösen. Schnell eilen sie (so diese noch leben) zu ihren Eltern und lassen sich von denen bestätigen, dass sie wieder einmal das Richtige getan haben. Sie sind die Opfer, wenn mal etwas nicht stimmt.

- „Du bist doch immer ein Chaot!"

Brüder und Schwestern dieses Zuschnitts spielen sich als Kritiker auf. Sie haben an allem etwas zu meckern und legen mit großer Freude die Hand in immer die gleichen Wunden. Auf diese Weise lenken sie in hervorragender Weise von den persönlichen Makeln ab.

- „Das ist ja nicht auszuhalten! Ich bekomme die Krise!"

Menschen mit solchen Wutausbrüchen toben und schreien bei der kleinsten Gelegenheit und verhindern dabei vor allem eines: Sie werden so schnell nicht (vor allem nicht von den Älteren!) in die Ecke gedrängt. Diskussionen sind bei solchen Rahmenbedingungen eher unmöglich. Vielmehr ist das Gegenüber schnell bereit, die Debatte einzustellen, um sich und die Nerven der von Schreikrämpfen Geplagten zu schützen.

- „……………………………………………."

Die Schweigenden weichen auf listige Art und Weise vor von Konflikten geladenen Gesprächen zurück. Sie schlucken alles in sich hinein, räumen das Feld und stellen die konträren Meinungen oder Wünsche von Bruder oder Schwester ins Aus. Der Erfolg: Es kann auf diese Weise nie und nimmer zu einer Annäherung kommen. Im Laufe der Zeit entwickeln die von einer solchen Strategie Betroffenen sogar eine Tendenz, ihr schweigendes Geschwister zu schonen (da es beleidigt scheint).

- „Das will ich gerne tun, würde dich aber bitten, dass …"

Geschwister mit solchen Reaktionsweisen würden sich bestimmt auf dem diplomatischen Parkett besonders wohl fühlen. Sie zeigen auf den ersten Blick große Kompromissbereitschaft, geizen aber auch nicht mit postwendenden Rückforderungen. Das Miteinander gleicht einem Handel auf dem Basar. So recht will nicht klar werden, was nun echt und was unecht ist.

- „Ja, aber!"
Menschen, die schnell so reagieren, sind mit äußerster Vorsicht zu genießen. Sie haben ein grundsätzliches Problem, dem anderen überhaupt zuzuhören, und trotzdem gleich die (bessere) Lösung bereit. Ihre Meinung ist die einzig richtige. Geschwister mit dieser besserwisserischen Grundhaltung boxen im Ring ihr Gegenüber aus den Schuhen, bevor der Ringrichter den Kampf überhaupt eröffnet hat.

- „Wer hat denn damals die Kohlen für dich aus dem Feuer geholt?"
Diese Art, auf einen kritischen Einwand zu reagieren, ist gemein, aber effektiv, da sie Brüder oder Schwestern schlichtweg mundtot macht. Im Streitfall werden alte Geschichten wieder belebt, um sich den neuen („geladenen") nicht stellen zu müssen.

Alle Typen solcher Art des Streitens sind aus der subjektiven Sicht die günstigsten Wege einer Auseinandersetzung, da sie Blessuren, Bloßstellungen, Kränkungen, aber auch zufrieden stellende Klärungen aussetzen bzw. relativieren.
Bezeichnenderweise haben sich solche (Un-) Kulturen des Streitens im Laufe der Jahre entwickelt; sie fanden also ihre Anfänge bereits in den Kinderstuben und wurden – da praxiserprobt – zum festen Repertoire.
Außerdem müssen wir die Fortsetzung dieser Arten des Streitens in ganz anderen Beziehungskontexten – also nicht nur zwischen Geschwistern – beobachten. Psychologen sprechen in solchen Fällen von Geschwisterübertragungen.
Eine erwachsene Frau, die ihren Vorgesetzten gegen alle Regeln der Vernunft wiederholt provoziert, weil er sie (unbewusst) an ihren älteren Bruder erinnert, sollte sich solcher Übertragungen bewusst werden, bevor dem Chef bewusst wird, dass er ein solches Verhalten nicht tolerieren kann und darf.

Eine gewichtige Rolle bei der Aufrechterhaltung von Geschwisterrivalität spielt aber auch die Gesellschaft. In unserem Kulturkreis ist Leistung ein zentraler Wert; wir werden nach Leistung und unserer Effizienz im Produktionsprozess bezahlt, und jemand, der wenig leistungsfähig ist oder gar Leistung verweigert, gilt als Tunichtgut oder Schmarotzer. (...) Und so werden schon die Kleinsten, lange bevor sie in den Kindergarten kommen, bewertet und miteinander verglichen auf der Grundlage von Leistungskriterien („früher", „schneller", „besser"). Ihre Lernfortschritte (...) stehen im Mittelpunkt des elterlichen Interesses. Und die Eltern, die die Normen der Leistungsgesellschaft verinnerlicht haben, würdigen weniger den individuellen Fortschritt der Kinder, sondern beurteilen deren Leistungen und Fortschritte unter Bezugnahme auf Gütemaßstäbe, die ihnen von Elternzeitschriften und Erziehungsratgebern vorgegeben werden.

(Hartmut Kasten)

8. Wege zu einer lebendigen Geschwisterbeziehung

Leserinnen und Leser konnten mit der bisherigen Lektüre viel Wissenswertes, Neues und sicherlich auch Aufrüttelndes in Erfahrung bringen.
Es mag sein, dass Sie bislang eine halbwegs intakte Beziehung zu Schwester oder Bruder erleben konnten, dass alles in den vergangenen Jahren oder auch Jahrzehnten „irgendwie lief"; es mag auch sein, dass Sie ihre Geschwister „aus den Augen verloren" haben, ohne genau zu wissen, warum sich die Dinge so entwickelt haben. Und es ist möglich, dass Sie seit langer Zeit Ihren Geschwistern grollen, sie mit Missachtung strafen, ihnen insgeheim vorwerfen, dass es mit ihnen „doch immer dasselbe (Theater) ist".

Es mag auch sein, dass Sie mit ihren Geschwistern im Streit liegen und eine Lösung nicht in Sicht scheint.
In unregelmäßigen Intervallen überkommen Sie Gefühle von Verzweiflung, Wut, Entsetzen, Sie kämpfen mit Erinnerungen, uralten Bildern aus vergangenen Tagen, fühlen den Neid, die Eifersucht aufsteigen. Und wenn es ganz arg kommt, müssen Sie sich bändigen, da Sie das verbotene Gefühl des Hasses in sich spüren.

Sind Sie manchmal den Tränen nahe, wenn es um Ihre Geschwister geht?

Sind es dann nur noch die drohenden Ermahnungen aus den Kindertagen, die empörten Blicke Ihrer Eltern, immer und überall präsente Gebote der Rücksichtnahme, die Sie „auf den Boden zurückkommen" lassen?

Wie Ihre Gefühle sich auch zeigen mögen, Sie sollten etwas tun, und Sie können auch etwas tun!
Denn: Streit oder die Ihrerseits als unausgegoren erlebte Situation mit Ihrer Schwester/Ihrem Bruder ist nichts anderes als Ihr ganz

persönlicher Wunsch nach einer **Beziehung** zu ihr/ihm! Es ist nichts anderes als der nur allzu gut zu verstehende Wunsch, die früher einmal so innig erlebte Vertrautheit wieder aufleben zu lassen, sich wieder nahe zu sein, sich wieder vertrauen zu können, wieder gemeinsam lachen zu können!
Das einzige Problem: Sie wissen nicht, wie Sie es anstellen sollen! Vielmehr plagen Sie sich mit immer wiederkehrenden Fragen, warum es so hat kommen können oder müssen.

„Wir passen einfach nicht zusammen!"
„Mit uns war das schon immer so – wir sind einfach zu verschieden!"
„Sie/er könnte ja auch mal den Anfang machen!"
„Wenn ihr/ihm an mir gelegen wäre, dann hätte sie/er schon längst die Initiative ergreifen können!"
„Ich habe schon so viele Anfänge gemacht – es hilft nichts!"
„Es ist doch lächerlich! Soll ich mich jetzt hinsetzen und Schwester/Bruder eine Aufrechnung präsentieren?"
„Wie komme ich mir vor, wenn ich als Erwachsener in der Kindheit herumwühlen soll?"
„Das ist und bleibt Schnee von gestern! Keine Sentimentalitäten, das Leben verlangt von uns, dass wir nach vorne, nicht nach hinten blicken!"

Kann es sein, dass solche und andere Kommentare gerade durch Ihren Kopf gegangen sind? Ist es möglich, dass Sie sich soeben mit der „Rückkehr zur Vernunft" selbst ausgebremst haben?
Keine Sorge! Dieses Hin und Her werden Sie immer erleben! Unsere Vorstellungen vom Umgang mit Geschwistern werden sehr schnell von rationalen Überlegungen überlagert. Dieser „Schutzmechanismus" setzt ein, weil eine Klärung der Beziehung zu unseren Geschwistern zwangsläufig mit Gefühlen verbunden ist – großen wie kleinen.

Die in den vorausgehenden Kapiteln gemachten Ausführungen hätten ihr Ziel verfehlt, wäre nicht eindeutig klar geworden, dass sich das Verhältnis zu Schwester/Bruder nicht „mal eben" im Hier und Jetzt klären lässt. Geschwisterbeziehungen sind ein Kontinuum, keine Episode! Geschwisterbeziehung ist Geschichte **und** Gegenwart!

Es gehört zu den weniger erfreulichen „Errungenschaften" unserer Zeit, dass sich unser Leben – auf den ersten Blick zumindest – immer eher als eine Addition von vermeintlich nicht zusammenhängenden Fragmenten darstellt: Wir planen und gestalten für unser Leben bedeutend erscheinende „Einheiten", ohne sie miteinander zu verknüpfen – die „Arbeitseinheit", die „Freizeiteinheit", die „Freundeskreiseinheit". In diesen bewegen wir uns, wechseln von der einen zur anderen und füllen damit unseren „Stundenplan des Lebens" aus. Abgesehen von der für die Wahrung der Grundbedürfnisse notwendigen „Arbeitseinheit" können wir unsere Beschäftigung in den jeweiligen Einheiten frei gestalten. Ohne es vielleicht zu wollen, laufen wir Gefahr, Lebenserfüllung in einer möglichst bunten Mischung zu sehen; wir gleichen dann schnell jenen, die in rastloser Unruhe, mit der Fernbedienung in der Hand, im Fernsehen von einem Programm zum anderen „zappen", kurze Zeit innehalten, dann aber flugs das Programm wechseln, weil sehr schnell andere Inhalte wichtiger erscheinen.

Geschwister aber sind keine „Module" unseres Lebens, keine Episoden, keine „Lebensabschnittsgefährten", kein Programm, das sich so einfach „weg-switchen" lässt!
Geschwister sind immer da, auch wenn sie weit weg sind; sie sind präsent, auch wenn wir nicht an sie denken oder sie aus unseren Köpfen verjagen; sie sind – um die Anfänge dieses Buches noch einmal in Erinnerung zu rufen – die längste Beziehung unseres Lebens, denn Eltern sterben irgendwann, Freunde verlassen uns, Ehen werden erst in einem späteren Lebensabschnitt geschlossen und halten (leider) auch nicht ewig, Arbeitskollegen werden versetzt …

Oder, um ein weiteres, allseits präsentes Bild auf dieses Thema anzuwenden: Geschwister machen sich auf der „Festplatte" unseres Lebensprogramms breit, sie hinterlassen unbeobachtet ihre „Cookies", wenn wir im „Netz" sind; der Umgang mit ihnen (direkt oder gedanklich) erfordert viel „Arbeitsspeicher", und leider ist es nicht möglich, mal auf die Schnelle mit einem „Virenschutzprogramm" über die einzelnen „Datenträger" zu sausen, damit wieder alle „Programme" laufen!

Die Klärung von Geschwisterbeziehungen ist mit Arbeit verbunden, mit Erinnerungen, mit der Änderung der Perspektive und mit einer **Beschäftigung mit der eigenen Person**!

Keine Regel ohne Ausnahme! Es gibt in der Tat Geschwister, die uns kaum beschäftigen, weil sie sich nun wirklich und wahrhaftig in fast allen Dingen von uns unterscheiden und sich Gemeinsamkeiten absolut nicht zeigen. Bei solchen Konstellationen lässt dann die/der eine die/den andere(n) „leben". Das ist nicht verwerflich – es kann also nicht darum gehen, allen Geschwisterbeziehungen den Mantel der „grenzenlosen Liebe" umzuhängen, nur weil es sich um Schwester oder Bruder handelt.

Diese Geschwister, mit denen in respektvoll erkannter und anerkannter Andersartigkeit ein „Stillhalteabkommen" besteht, mit denen es aber auch keine Zwistigkeiten gibt und nach denen wir uns nicht sehnen, sollen aber auch nicht Gegenstand der folgenden Überlegungen sein. Ist also die elementare Unterschiedlichkeit des Gegenübers – nach kritischer Prüfung – eine zu akzeptierende Tatsache (und keine Ausrede, um Begegnung bzw. Wiederannäherung zu verhindern), so können wir jene Geschwister getrost ausklammern.

Bruder oder Schwester laufen als Hintergrundfilm

Die Zahl der Menschen, die in seelischen Notlagen Rat und Unterstützung bei uns suchen, steigt von Jahr zu Jahr. In erster Linie sind es einsame Menschen, Personen, die in sehr belastenden aktuellen oder schon lange schwelenden Konflikten weder ein noch aus wissen. Es sind Frauen und Männer, die ihre Arbeit verloren haben, bei denen sich die Beziehungen in einer heftigen Krise befinden, die ihre Schulden nicht mehr in den Griff bekommen, die erkrankt sind – körperlich, aber auch seelisch; es sind sprachlos Gewordene, die im Schutz der Anonymität unbefangen über ihr Leid klagen können, ohne belächelt, abgestraft oder ermahnt zu werden.

Wahrscheinlich macht unser Angebot, dass wir am Telefon in voller Achtung der Person und ohne jede Wertung unter dem Siegel der völligen Verschwiegenheit mit den Menschen reden, uns von der Telefonseelsorge zu so viel gefragten Ansprechpartnern.

Bei uns dürfen Große klein sein, um dann im Gespräch wieder zu wachsen, neuen Mut zu schöpfen.

Wie gesagt: Alltagsprobleme sind ein häufiger Grund für Anrufe bei uns. Dabei erleben wir es nicht selten, dass Menschen in Beziehungen – privat oder beruflich – nicht klar kommen. Wir sprechen dann mit den Anrufenden über die Beweggründe ihres jeweiligen Verhaltens. Nach einigem Nachfragen entpuppt sich dann so mancher Konflikt als Konflikt, der eigentlich in der Beziehung zu Brüdern oder Schwestern seine Anfänge genommen und sich dann auf andere Beziehungsebenen übertragen hat. Es ist den Menschen vielfach peinlich, über Neid, Wut und Hassgefühle gegenüber Geschwistern zu reden, aber irgendwann können sie diese nicht mehr verdrängen. So oft laufen die Geschwister gewissermaßen als Hintergrundfilm mit. Unsere Aufgabe ist es dann, dabei zu helfen, die Gedanken zu sortieren, berechtigten Ärger zuzulassen, Eigenanteile zu entdecken.

(eine Mitarbeiterin der Telefonseelsorge Düren/Jülich/Heinsberg)

Wer die Beziehung zu seinen Geschwistern klären, Perspektiven in Frage stellen und eine neue Qualität erreichen will, muss sich zwangsläufig mit der Geschichte beschäftigen – der Geschichte seiner Eltern, der übrigen Geschwister, der Entwicklung von Rollen und persönlichen Überzeugungen und mit der Geschichte der Gefühle.

Um sich nun nicht in einem Knäuel von Gedanken und Erinnerungen seiner eigenen Bewegungsfreiheit zu berauben, ist Systematik gefragt. Es bieten sich verschiedene Schritte zur Erkenntnisgewinnung an, die wir nach und nach gehen sollten. Diese werde ich nun skizzieren und dabei Bezug auf ein Konzept nehmen, das im Jahre 1999 bei der Arbeit mit Seminarteilnehmern an der Volkshochschule Düren entwickelt werden konnte. *Dunn* und *Plomin* hatten bereits 1996 mit sehr hilfreichen Frageraster zu der Thematik auf sich aufmerksam gemacht; *Frick* hat 2004 die Diskussion mit einer Fülle weiterer Fragemöglichkeiten bereichert.

Der Möglichkeiten, sich fragend der Wirklichkeit zu nähern, gibt

es viele – in zahlreichen Punkten wiederholen oder ähneln sich die Leitfragen ...
Ausschlaggebend ist dabei, dass wir uns solche Fragen stellen, um zu erfahren, wie wir uns als Geschwister entwickelt haben!

8.1 Die äußeren Umstände

Klären Sie, in welcher Zeit Sie und Ihre Geschwister geboren wurden, mit welchem Zeitgeist sich damals Ihre Eltern auseinander zu setzen hatten, welche Probleme und Konflikte außerhalb der Familie Ihre Lieben und die Welt beschäftigten!

Es folgen einige Fragen, die bei der Spurensuche Orientierung geben können:

- Welche Kultur herrschte vor? Handelte sich um eine Kultur, in der klare Werte wie Ordnung, Sauberkeit und Pünktlichkeit eine übergeordnete Rolle spielten – oder wurden Sie eher zu einer Zeit geboren, die vom Abschied mit „alten Zöpfen" und mit dem Über-Bord-Werfen von Zwängen geprägt war?
- Nahmen religiöse Wertmaßstäbe, von einer breiten Öffentlichkeit akzeptiert und gelebt, ihre Eltern in die Pflicht? Kollidierten zum Beispiel Bilder von Schuld und Sünde mit Ihrem pubertärem Verhalten bzw. Ihren pubertären Phantasien, über die man zu der Zeit kaum zu sprechen wagte?
- Haben Sie ökonomische Engpässe, wirtschaftliche Not, die Sorge um den Erhalt des Arbeitsplatzes oder andere Faktoren direkt oder indirekt zu spüren bekommen? Wurde Ihnen allein mit Blick auf diese Beeinträchtigungen eine geschwisterliche Gemeinschaft zur Vermeidung weiterer Konfliktherde kategorisch abverlangt, obwohl Ihnen eher nach Eigenständigkeit zu Mute war? Kann es sein, dass sich das von Sorgen erfüllte Gesicht Ihres Vaters oder Ihrer Mutter damals mehr auf das Loch in der Haushaltskasse als auf Ihr Verhalten bezog – Sie aber in verständlicher Verzerrung der Tatsachen dies oft zu Ihrem ganz persönlichen Problem gemacht haben, während Ihre Geschwister davon nicht so viel mitbekamen oder anders damit umzugehen schienen?
- Welche Vorstellungen von „richtiger" oder „falscher" Erziehung

waren in Ihrer Kindheit aktuell? Wissen Sie etwas über die Erziehungsbedingungen, unter denen Ihre Eltern groß geworden sind? Kann es sein, dass sich die Überzeugungen von guter Erziehung bei Ihren Eltern nicht deckten, es somit also zu Spannungen kam, wie zum Beispiel mit Kämpfen unter Geschwistern umzugehen sei?

- Was wissen Sie über die Erfahrungen, die Ihre Eltern mit wiederum ihren Geschwistern gemacht haben? Litt die Mutter unter einem übermächtigen Bruder, einer unnahbaren Schwester, einem verwöhnten Nachkömmling? Musste der Vater sich von einem jüngeren Bruder in den Schatten stellen lassen, musste er auf die Liebe der Mutter weitestgehend verzichten, weil die jüngere oder ältere Schwester sie voll in Anspruch nahm?
- Haben sich Ihre Eltern oft verglichen mit Erziehungsstil bzw. Erziehungserfolg ihrer Geschwister, ihrer Freunde und Bekannten, ihrer Nachbarn (um deren Wohlwollen man bekanntlich buhlen muss, um seine Ruhe zu haben)? Haben Sie den Eindruck, dass die Rücksicht auf äußere Faktoren (soziale Kontrolle) bei Ihren Eltern zur Folge hatte, dass sie bei Ihnen und Ihren Geschwistern so einiges nicht zugelassen haben – zum Beispiel die unbarmherzigen Attacken gegen Bruder oder Schwester im Garten (direkt vor den Augen des Nachbarn, dessen Kinder stets in großer Harmonie lebten)?
- Welches Verständnis von der Rolle der Geschlechter herrschte damals vor? Glauben Sie, dass sich Ihre Eltern diesem stark verpflichtet fühlten und in Anlehnung daran auch erzogen? Nach dem Motto: Jungen weinen nicht, gute Mädchen sind zurückhaltend; Jungen haben sich auf das Leben vorzubereiten, Mädchen auf ihre Mutterschaft und das Arbeiten in der Küche ...
- Welche Rollenverteilung, welche Rollenmuster konnten Sie als Kinder bei Ihren Eltern beobachten? Erlebten Sie eher Harmonie oder Disharmonie?
- Erlebten Sie Privilegierungen bei Ihren Geschwistern, die Sie zunächst als Affront gegen Ihre Person sehen mussten, die sich aber rückschauend durchaus als Notwendigkeit (aus der Perspektive der Eltern) herausstellen könnten? Durfte zum Beispiel Ihr Bruder zum Nachhilfeunterricht, während dies bei Ihnen als Mädchen als „nicht so gravierend nötig" angesehen wurde?
- Welchen Stellenwert hatte Erfolg überhaupt in Ihrer Familie? War es mehr der Erfolg, der sich nach außen hin gut und gern

darstellen ließ, oder war es Ihr persönlicher Erfolg, der im Zentrum der Bemühungen stand?
- Haben Sie überhaupt miterleben müssen, dass Erfolgsorientierung als „Messinstrument" in der Auseinandersetzung mit der „übrigen Welt" das familiäre und geschwisterliche Miteinander geprägt hat?

Warum sollten wir uns solche und andere Fragen stellen? Die Antwort ist relativ simpel: Gerade als Kinder erleben wir die Familie als Mikrokosmos, der seine eigenen Gesetze kennt, sich weitestgehend stabil zeigt, der – so glaubten und hofften wir – durch nichts auf der Welt zu erschüttern ist.
Das aber ist ein Trugschluss!
Sowohl Geschichte als auch Außenwelt machen keineswegs Halt vor unserer Haustür! Es sind die Eltern, die ihre sehr persönliche Familien- und Geschwistergeschichte in ihrem Gepäck mit sich tragen, während sie die eigenen Kinder durch Haus oder Wohnung tragen!
Es sind die Eltern, die ganz in unserem Sinne „das Böse" vor der Tür halten und eine Konfrontation mit den Schattenseiten nur in dosierter Form zulassen, um die kindliche Seele nicht zu überfordern.
Es sind schließlich unsere Eltern, die täglich den Balanceakt zwischen alltäglichen Notwendigkeiten, Kräfte zehrenden Vergleichskämpfen, an sie herangetragenen Erwartungen (Normen und Werte) und Ihren Bedürfnissen, ein freies Kind zu sein, zu meistern hatten.

In diesem Spannungsfeld sind Sie, sind wir groß geworden; in diesem Spannungsfeld haben wir mit unseren Geschwistern gelebt, uns mit ihnen gestritten und wieder versöhnt; in dieser Wirklichkeit haben wir so manches einstecken müssen, was aus damaliger Sicht „gemein" war – sich jedoch zumindest heute (er)klären lässt.

Eltern (wir gehen gezielt immer von den guten Absichten in ihnen aus) sind nicht perfekt!

Unter dieser Maßgabe und unter Berücksichtigung des oben Hinterfragten können wir uns nun unmittelbar jenen Fragen stellen, die sich auf unser Verhältnis zu unseren Eltern beziehen und die Aussagen über ihren Umgang mit uns und unseren Geschwistern zulassen. Dieser elterlicher Umgang, das haben die vergangenen Kapitel deutlich werden lassen, prägt unser Verhältnis zu ihnen und lässt unser Verhältnis zu unseren Geschwistern gegebenenfalls in einem anderen, verständlicheren Licht erscheinen.

Stellen Sie sich also sowohl in Bezug auf Vater oder Mutter die folgenden Fragen:
- Waren sie streng zu uns, und haben sie uns viel abverlangt?
- Haben sie uns viel kritisiert?
- Wurden wir ihrerseits gelobt, ermutigt, ermuntert, Wege auszuprobieren?
- Konnten unsere Eltern uns auch Entscheidungen überlassen, um Eigenes auszuprobieren – oder haben sie uns (was einen großen Unterschied macht) einfach unserem Schicksal überlassen?
- Haben uns unsere Eltern ihren Stolz gezeigt, wenn wir etwas geschafft hatten?
- Zeigten sich unsere Eltern einfühlsam und sensibel für unsere Probleme?
- Zeigten sich unsere Eltern interessiert an uns?
- Waren unsere Eltern fair oder eher parteiisch?
- Trauten uns unsere Eltern etwas zu, oder waren sie schnell – das „Bessere und Richtige" wissend – zur Stelle?
- Gewährten uns unsere Eltern Freiraum, oder schränkten sie uns eher ein?
- Unterstützten uns unsere Eltern, wenn wir Hilfe brauchten?
- Zeigten sie die Bereitschaft, uns auch auf Wegen zu begleiten, die uns wichtig, ihnen jedoch unwichtig oder „unpassend" erschienen?

Mit der Beantwortung dieser Fragen, die sicherlich einige Zeit in Anspruch nehmen wird, hätten wir schon einmal unmissverständlich geklärt, inwieweit unsere Eltern Einfluss genommen haben auf unser Erleben in der Familie, auf unsere Position innerhalb dieser. Außerdem wurden Ereignisse und Einstellungen in Erinnerung gerufen, die dazu geführt haben mögen, dass etwas in Unordnung in Bezug auf das friedvolle Verhältnis zu unseren Geschwistern geraten ist.

Wir können jetzt also besser unterscheiden zwischen Störungen und Konflikten unter Geschwistern, die vielleicht entwicklungsbezogen durchaus ihren Sinn gehabt haben, und jenen Störungen, die uns (ungewollt) durch unsere Eltern auf dem Weg unserer Beziehung zu den Geschwistern „mitgegeben" wurden.

Damit ist ein erster Schritt in der Annäherung zu Brüdern oder Schwestern getan, wissen wir doch, dass sie/dass wir damals nicht ohne Grund böse, irritiert und wütend waren. Wir haben sozusagen auf die Verhältnisse reagiert und das Beste daraus gemacht.

Nun könnten wir alle weiteren Kapitel schließen und uns mit unseren Geschwistern verbünden, indem wir die lieben Eltern zum Urheber der großen Störung der geschwisterlichen Harmonie machen ...
Das wäre allerdings zu einfach.

Weitere Schritte sind nötig!

Bevor wir also zu dem nächsten Schritt übergehen, sollten Sie eine Übung einbauen, die es Ihnen ermöglicht, Ihre Eltern in einem ergänzenden Licht zu sehen. Daher fragen Sie sich bitte:

- Welche Stärken, Talente und Fähigkeiten hatten Ihre Eltern?
- Was haben Sie Ihnen (nun blenden wir die negativen Erfahrungen gezielt aus) Gutes getan?
- Worauf haben Ihre Eltern **verzichtet,** um Ihnen Raum zur Entfaltung geben zu können?
- Welche Anteile sind, glauben Sie, bei Ihren Eltern nicht zur **Entfaltung** gekommen?
- Erinnern Sie Momente, in denen Ihnen Ihre Eltern zu verstehen gegeben haben, dass ihnen etwas Leid getan hat? Denn Sie wissen: Nicht selten geben Eltern Signale, dass sie auch nicht so leicht aus ihrer Haut herauskommen; diese ignorieren wir jedoch gerne, um unsere negativen Einschätzungen nicht relativieren zu müssen.

8.2 Die Beschäftigung mit der eigenen Person

Konnten wir uns bislang unserem unmittelbaren Umfeld widmen, so geht nun kein Weg daran vorbei, unser Verhalten, unsere Rollen ins Blickfeld zu rücken. Wir müssen uns fragen, wie wir zu denen geworden sind, die wir sind.

Wir müssen uns die schließlich sehr genau ansehen, wie wir als Kinder und Jugendliche gegenüber unseren Geschwistern gehandelt haben!

Ein solches Vorgehen ist nicht ganz einfach, weil wir gegebenenfalls von lang gepflegten Haltungen, von Verzerrungen (so wir sie erkennen) und von Bildern Abschied nehmen müssen bzw. neue Bilder (von uns und den Geschwistern) zulassen müssen. Daher ist eine solche Übung nicht im Eiltempo abzuhalten. Sie sollten sich schon Zeit nehmen und damit erst beginnen, wenn Sie sich offen fühlen, überhaupt eine neue Sicht zuzulassen! Es ist nicht auszuschließen, dass die gezielte Erinnerungsarbeit Wunden offen reißt, die nur mühsam verheilten. Sollten Sie merken, dass Sie an Grenzen stoßen, so schrecken Sie nicht davor zurück, Hilfe einzuholen! Diese können Sie bei engen Vertrauten (die ähnliche Erfahrungen mit Geschwistern gemacht haben) erbitten. Sollte Ihnen das nicht ausreichen, so ist es keine „Schande", eine professionelle Begleitung bei der Bearbeitung eines Geschwisterkonfliktes anzustreben!

Um sich besser in damalige Verhältnisse hineinversetzen zu können, kann es helfen, konkrete Situationen in Erinnerung zu rufen.

Zuerst sollten Sie sich mit Ihrer damaligen Rolle als Kind und Geschwister befassen. Fragen Sie sich, welche Rolle Ihnen zugeschrieben wurde bzw. welche Rolle Sie eingenommen haben!

Waren Sie:

- Clown der Familie,
- das Genie,
- die/der Gewissenhafte,
- Rebell,
- Einzelkämpfer(in),
- die/der Brave, der „Sonnenschein",

- der Faulpelz,
- die/der Selbstlose,
- die- oder derjenige, die/der es nie geschafft hat, Schwäche zu zeigen,
- die/der Starke,
- die/der immer Lockere,
- die/der Scheue,
- die/der Ehrgeizige,
- die/der immer Erste,
- die/der immer Zweite
- die/der … ?

Die Zahl der möglichen Rollen ist groß. Gehen Sie die oben stehende Auflistung durch, nehmen Sie Ergänzungen vor, wenn Ihnen das für sie entscheidende Kriterium fehlen sollte.
Dann schließen Sie bitte folgende Fragen nach kurzem Innehalten an:

- Weiß ich, wann mir diese Rolle durch wen nahe gelegt wurde bzw. wann und exakt aus welchen Gründen ich mich dafür entschieden habe?
- Welche unzweifelhaften Vorteile waren mit dieser Rolle für mich verbunden? Welche Nachteile ergaben sich?
- Habe ich meine Geschwister in einer der genannten Rollen gesehen? Welche Beweggründe mögen dafür vorgelegen haben? Haben sich meine Geschwister sichtlich in dieser Rolle wohl gefühlt? Haben sie tatsächlich diese Rolle auch ausgefüllt, oder wollte ich sie vielmehr in dieser sehen, weil es in mein Weltbild passte?
- Welche Spannungen ergaben sich durch diese Rollenverteilung?
- Kann ich erinnern, dass ich ein Geschwister um eine Rolle beneidet habe, weil diese von ihm vor mir „besetzt" wurde?
- Lag mir die verbleibende Rolle (Komplementärrolle/s. o.) überhaupt – oder füllte ich sie nur notgedrungen aus?
- Erinnere ich versteckte oder offensichtliche Signale meiner Geschwister, dass diese mit ihrer Rolle haderten oder meine Rolle auch kritisch sahen (Fragen des Jugendalters)?
- Welche Begegnungen zwischen mir und meinen Geschwistern wurden durch dieses Rollen-/Nischenprinzip unmöglich gemacht?

- Wer versuchte mich eher an einem Ausbrechen aus meiner Rolle zu hindern: meine Eltern oder meine Geschwister?
- Finde ich die auf den ersten Blick negativ besetzte Rolle, die eines meiner Geschwister ausgeübt hat, wirklich so befremdend, so unakzeptabel?

Die Beantwortung der Fragen ist nur mit unterschiedlicher Klarheit möglich. Die Zeit lässt die Erinnerung verblassen. Außerdem können wir über frühe Entscheidungen und Bilder nur bedingt Ausführungen machen, da sich – das wurde bereits besprochen – subjektive Wahrnehmung und Realität manchmal vermengen. Dennoch sind wir, da uns das Gewesene elementar anrührt, recht zuverlässig – auch in der Einschätzung, was vor langer Zeit gewesen ist! Daher sollten Sie keine Furcht entwickeln, Ihre Rollen und die Ihrer Geschwister klar zu benennen. So falsch können Sie nicht liegen!

Warum so viel Aufmerksamkeit für Fragen der Rollen und Nischen?
Wir müssen uns der Thematik stellen, weil es gerade diese Vorstellungen von bestimmten Plätzen in der Herkunftsfamilie sind, die sich als ausgesprochen langlebig, hartnäckig und korrekturresistent erweisen.

Anders gesagt: Wir laufen unter den immer gleichen „Regieanweisungen" über die Bühne, auf der das Stück „Meine Familie, meine Geschwister und ich" gespielt wird, und kommen nicht im Traum auf die Idee, die Rollen zu tauschen oder gar das Stück zu wechseln! Zugleich beklagen wir uns, wenn wir das Gefühl haben, wie Marionetten über die Bühnenbretter zu stolpern und unsere Texte emotionslos herunterzuspulen …

Wir haben uns im Laufe unseres Erwachsenendaseins damit abgefunden, unser geschwisterliches Gegenüber in eben der vertrauten Rolle zu sehen und uns ihm als fest in unserer Rolle zu präsentieren.
Wir fragen uns jedoch nicht, ob Schwester/Bruder nicht schon längst einmal das mittlerweile eng gewordene, verstaubte Kostüm ablegen wollte, ob es nicht schon immer mit unserer Rolle geliebäugelt hat.

Stattdessen beugen wir uns dem alt vertrauten Spiel und schauen nicht mehr hinter die Kulissen.
Zur Aufrechterhaltung des Gewohnten haben wir uns längst damit abgefunden, dass sowohl wir als auch unsere Geschwister in keiner Weise daran interessiert sind, die vertrauten Rollen (gute wie schlechte) einer kritischen Betrachtung zu unterziehen. So etwas schafft Unsicherheit, holt (bei über Jahrzehnte tradierten „Starrollen") Schwester oder Bruder vom „Sockel", weckt alte und gepflegte Ärgernisse, …

Dabei locken sehr aufschlussreiche Einsichten, wenn wir genauer hinschauen: Haben Sie sich zum Beispiel schon einmal gefragt, welche Ihrerseits als dunkel erlebten und damit **nicht gelebten Persönlichkeitsanteile** Ihnen von Ihrer Schwester/Ihrem Bruder **vorgelebt** werden? Haben Sie sich schon einmal gefragt, warum Sie, statt diese Frage zuzulassen, Ihre Geschwister lieber in „eine Ecke stellen" (man könnte auch sagen: in eine Rolle drängen), um nur unter keinen Umständen zugeben zu müssen, dass **Ihnen** etwas fehlt?

> **Ungleiche Brüder**
> Ernst und Walter gehen sich seit Jahren aus dem Weg, weil sie es einfach nicht „miteinander können". Kreuzen sich dennoch ihre Wege, gibt es immer Streit! Dabei hat Ernst ein leichtes Spiel, denn er ist sehr geschickt in dem Erheben von Vorwürfen, im „Aufwärmen alter Geschichten". Das beherrscht er von Kindheit an, als er noch das große Vorbild, von Vater und Mutter geachtet, war, das seinen Bruder immer und immer auf Vergehen und Nachlässigkeiten aufmerksam machen konnte. Ernst, so schien es, gefiel sich in der Rolle und setzte sie konsequent um. Walter bot über die Jugendzeit bis hin in die späteren Jahre des Erwachsenenalters hinreichend Angriffsfläche, denn bei ihm lief nichts so glatt, wie es erwünscht war – wie es vor allem die Eltern erhofft hatten! Walter machte auf seine Weise das Beste daraus, zeigte sich dabei allerdings gerade in Finanzfragen und in Bezug auf seine Beziehungen eher schwankend. Irgendwann meinte er, das ständig präsente Vorbild seines großen Bruders nicht mehr ertragen zu können; Walter wechselte den Wohnsitz und mied Ernst.

Dass ihm dabei auch sehr wohl etwas fehlte, gab er nicht zu. Und auch Ernst war nicht immer glücklich über die fehlende Präsenz seines Bruders.

Trafen sich die beiden auf Familienfesten oder bei anderen Gelegenheiten, so standen Ernsts stolze Bilanzen und die Erweiterungen in seinem Betrieb den Abenteuergeschichten seines Bruders gegenüber. Walter schien das Biedermanndasein seines Bruders zu belächeln, Ernst schien den Kopf über das wenig strukturierte Leben seines Bruders zu schütteln.

Was beide sehr, sehr lange verschwiegen, war die Tatsache, dass sie weitaus mehr Sympathie für die Lebensentwürfe des anderen hatten, als sie zuzugeben in der Lage waren!

Erst der Tod ihrer Mutter, die im hohen Alter, sechs Jahre nach dem Ableben ihres Mannes, starb, brachte sie wieder ein Stück zusammen: Sie hatten einiges zu regeln und verblieben dazu im ehemaligen Elternhaus, wo der Hausstand nun endgültig aufgelöst werden musste. Es war die Trauer über den Verlust der Mutter, die bei aller Strenge und aller Hartherzigkeit auf den ersten Blick doch Spuren – sehr unterschiedliche Spuren – in den Köpfen und Seelen ihrer Söhne hinterlassen hatte. In einem vertrauten Gespräch gaben sie die Fronten auf und gestanden sich ein, dass ihnen sehr wohl am jeweiligen brüderlichen Gegenüber so manches in all den Jahren imponiert hatte! Walter sah sich in der Lage, Fleiß und Ausdauer seines Bruders zu bewundern und vor dessen hoher Disziplin den Hut zu ziehen, während Ernst zugab: „Wie gerne hätte ich doch auch mal die Zügel locker gelassen – so wie du!"

Die Brüder verstanden sich fortan sehr gut und ergänzten sich hervorragend.

>(aus einer prominenten Familiengeschichte; Namen und Inhalte zur Wahrung der Anonymität etwas abgewandelt)

8.3 Perspektivenwechsel:
Der Pullover meines Bruders

„Du steckst nicht in meiner Haut!"

Wie oft hören wir diesen Satz, von dem wir nicht so recht wissen, ob er als Vorwurf oder als Hilferuf zu interpretieren ist.
Er könnte und sollte als Appell verstanden werden, die Perspektive zu wechseln!

Vor einigen Monaten verhalf mir eine Begebenheit zu der Möglichkeit, mich darin zu üben.

In regelmäßigen Abständen besuche ich mit meiner Familie die Familie meines Bruders in Duisburg. Treffen dieser Art sind eher selten, zu oft verhindert der stramme Wochenplan die so wichtige Begegnung. Bei einem gemeinsamen Kaffeetrinken werden Erlebnisse ausgetauscht, man bespricht dies und das, lässt Erinnerungen wach werden und berichtet einander, was für die Zukunft geplant wird.
Der Alltag meines Bruders als Vater von drei Kindern und Arzt an einer großen Klinik ist mir von seinen vielen Erzählungen vertraut, außerdem kann ich mich zumindest ansatzweise in seine Lage versetzen, da ich vor meinem Studium selbst lange Zeit in zwei Krankenhäusern gearbeitet habe – wenn auch als Pflegehelfer in bedeutend niedrigerer Position (meldet sich da wieder das in der Einleitung beschriebene Frühstückserlebnis …?).
Wir haben viele Gemeinsamkeiten: Gleichermaßen können wir uns für gutes Kabarett begeistern, wir lachen herzhaft über gelungene Cartoons, wir schätzen die Weltlage ähnlich ein und können uns über die derzeitigen Kriege ereifern, … Uns vereint, dass wir dankbar und glücklich in Kindheit und Jugend zurückblicken können, uns schmerzt der zu frühe Tod unseres Vaters, und uns beglückt die Vitalität unserer Mutter.

Und dennoch sind wir sehr verschieden!

Unsere Lebensentwürfe weisen Gemeinsamkeiten, aber auch deutliche Unterschiede auf. Jeder von uns lebt so, wie er es für richtig hält – und das ist gut so!

Manchmal kommen mir aber doch merkwürdige Gedanken. Dann stelle ich Rechnungen an, die mich nachdenklich stimmen. Bis in die Studienjahre hinein habe ich die Zeit mit meinem Bruder im Elternhaus verbracht. Über Kindheit, Jugend und das frühe Erwachsenalter waren wir also mehr oder minder sehr nahe beisammen.

Mit der Beendigung des Studiums und den sich anschließenden beruflichen Laufbahnen waren die ersten Ortwechsel fällig; wenig später gründeten sowohl mein Bruder als auch ich eigene Familien. Seit über 20 Jahren leben wir in räumlicher Distanz von 90 Kilometern.

Gehe ich einmal davon aus, dass wir uns fünfmal im Jahr treffen und dabei über fünf Stunden Gemeinsamkeiten, aber auch Unterschiede erleben, so stehen rein rechnerisch (auf diese 20 Jahre bezogen) den vergangenen 7.300 Tagen oder 175. 200 Stunden 100 Tage bzw. 500 Stunden gegenüber; somit habe ich mit meinem Bruder 0,2853 % der vergangenen Jahrzehnte gemeinsam verbracht. Ergänzt werden müssten die in unregelmäßigen Abständen stattfindenden Telefonate.

Diese verhältnismäßig kurze Zeit steht der großen Nähe in vergangenen Zeiten gegenüber. Obwohl die Begegnungen mit meinem Bruder (bei meiner Schwester verhält es sich ähnlich …) rechnerisch kaum ins Gewicht fallen, ist mein Bruder (sind meine Geschwister) für mich eine feste emotionale Größe: Sie sind mir keineswegs egal, ich zeige mich interessiert an ihren kleinen und großen Nöten, an ihren Plänen und an ihren Hoffnungen! Ohne großes Hinterfragen gehe ich davon aus, dass es meinen Geschwistern ähnlich ergeht.

Der hier beschriebene Zusammenhang wird von *Bank* und *Kahn* sehr treffend als der positive Aspekt einer **Geschwisterbindung** bezeichnet, was bedeutend mehr darstellt als eine „bloße" Beziehung zu Geschwistern: Die mit meinen Geschwistern gemachten Erfahrungen hallen auch nach langer Zeit in mir nach; Schwester und Bruder haben einen, wie es so schön heißt, festen Platz in meinem Herzen, ich fühle mich ihnen verbunden und bin der festen Überzeugung, dass uns bei allen Unterschieden mehr vereint als entzweit.

Dennoch möchte ich noch einmal mein Rechenbeispiel bemühen: Das von mir beschriebene Gefühl der Verbundenheit mit meinen Geschwistern speist sich zu einem hohen Teil aus der Vergangenheit und wird nur punktuell durch aktuelle Begegnungen weiter „genährt".

Gleiche Phänomene zeigen sich bei Geschwisterbeziehungen, die fast ausschließlich negativ gefärbt sind! Die Betroffenen sehen sich vergleichsweise selten, dennoch wirken mit der Begegnung die „alten Geschichten" in ihnen nach, und schnell verwandelt sich ein Kaffeekränzchen mit Eltern (Großeltern) und Kindern zu dem Spektakel in Kinder- und Jugendtagen, als zwischenmenschlich so manches im Argen lag.

Warum stelle ich diese Rechnung überhaupt an?

Ich möchte Leserinnen und Leser dazu anregen, sich mit großer Ernsthaftigkeit fragen, ob sie Schwester oder Bruder **überhaupt noch hinreichend kennen**!

Sind es die vorwiegend positiven Gefühle, die eine Geschwisterbeziehung prägen, so können sich alle Beteiligten darüber freuen, dass das Band zwischen ihnen trotz Entfernung (auf Distanz und auf die Lebensziele bezogen) noch hält. Es liegt an ihnen, wieder mehr Nähe zuzulassen, oder alles zu lassen, wie es ist. Es wäre vermessen, solchen Geschwistern zu unterstellen, ihre Kontakte würden „vor sich hinplätschern", aber wenig Tiefe zeigen.

Schwieriger verhält es sich mit Geschwistern, die ihren Kontakt als gestört erleben, dabei jedoch Spannungen ausschließlich mit der Kenntnis der Person aus vergangenen Tagen zu ergründen versuchen.

Es bringt deutlich weiter, sich nicht nur zu fragen, ob Bruder oder Schwester irgendwann einmal tatsächlich bevorzugt oder generell glücklich mit ihrer Rolle waren ... Wir sollten uns **auch** fragen:

- Was hat sich im Laufe der Zeit geändert?
- Kenne ich die aktuellen Wünsche von Schwester oder Bruder?
- Was weiß ich überhaupt von ihrem/seinem Alltag?
- Erahne ich ihre/seine derzeitigen Sorgen und Probleme?

Noch einmal zurück zu meinem Bruder: Bei meinem letzten Besuch übergab er mir beim Abschied ein kleines Geschenk. Er ist wie ich ein Freund solider, alltagstauglicher Pullover, die nicht gleich nach der dritten Wäsche aus der Form geraten. Vor einigen Jahren hatte er einen solchen bei exakt der Firma gekauft, wo auch ich gerne Kleidung beziehe. Der Pullover – von hoher Qualität – war noch im besten Zustand; er war lediglich etwas weiter, dafür mein Bruder etwas schmaler geworden. Obwohl er an dem Teil zu hängen schien, schenkte er mir dieses edle Stück, das ich dankend annahm. Mir passt der Pullover, denn ich bin größer und schwerer als mein Bruder.
Abgesehen davon, dass dies eine nette Geste meines Bruders war, hatte ich einige Tage später ein Schlüsselerlebnis.

Eines Morgens griff ich zu dem mir geschenkten Pullover; er sollte mich den Tag über kleiden!
Der Pullover roch nach dem im Hause meines Bruders verwendeten Waschmittel, außerdem glaubte ich, noch Spuren des von meinem Bruder bevorzugten Rasierwassers riechen zu können.
So machte ich mich mit einem Teil meines Bruders auf den Weg. Meine Phantasie kam mir dabei zur Hilfe, es nicht bei diesen ersten Eindrücken zu belassen. Mit der Frage „Was wäre, wenn ich jetzt mein Bruder wäre?" bewältigte ich den Tag und dachte in sehr regelmäßigen Abständen an „seine Haut", seine Verpflichtungen, seine Fragen, …
Ich glaube, ich habe lang nicht mehr so intensiv über das Leben meines Bruders nachgedacht und ihn so gut verstanden wie an diesem Tag …

Nun kann jemand, der eher in Distanz und Rivalität zu Bruder oder Schwester lebt, sich schlecht auch noch ein Kleidungsstück (zudem ein getragenes) von ihm oder ihr ausleihen …

Hilfreich ist eine Übung im Geiste aber sicherlich:
Versuchen Sie, sich möglichst intensiv in den Alltag Ihrer Geschwister hineinzuversetzen. Erspüren Sie, was Sie vielleicht doch gemeinsam haben. Gewinnen Sie ein Gefühl für deren Sicht der Dinge, für die erlebten Zwänge, für Unterschiede, die vielleicht auch Sie neugierig machen könnten! Fragen Sie sich auch, was Sie über Ihre Geschwister überhaupt nicht (mehr) wissen – füllen Sie

diese Lücke mit Ihren Phantasien, oder wären Sie mutig genug, einfach zu fragen?

Wie sie auch enden mag: Eine Übung wie diese lässt das Bedürfnis nach mehr Nähe vielleicht wieder wach werden; sie macht den hohen Anteil unserer Meinungen über Geschwister deutlich, die wir unreflektiert mit uns herumtragen.

8.4 Den Anfang machen

Sie sind zu der Erkenntnis gelangt, dass sich einiges zwischen Ihnen und ihrer Schwester oder Ihrem Bruder ändern soll? Es ist Ihr Wunsch, wieder oder neu auf diese zuzugehen, um ein glückliches Miteinander, frei von Vorwürfen, den ewigen Vergleichen und Unterstellungen, zu erleben?
Der Wunsch danach ist das Entscheidende – er befähigt Sie, Klarheit zu schaffen und neue Wege zu gehen.

Zum Glück haben Sie mit der bisherigen Lektüre Einsichten gewonnen, die es Ihnen deutlich leichter machen, Gewesenes und Aktuelles unter neuen Gesichtspunkten zu sehen. Es ist also gut, dass Sie nicht unter der Last von altem Ballast mit der Tür ins Haus fallen, um dann gleich wieder Porzellan zu zerschlagen.
Sie haben auch ihre Erwartung bzw. Hoffnung abgeschwächt, Ihre Schwester oder Ihr Bruder könne doch zuerst auf Sie zugehen? Auch dazu kann man Sie nur beglückwünschen, denn es kann durchaus passieren, dass Sie noch sehr, sehr lange warten müssen! Sei es, dass zum Beispiel Ihre Schwester mit gleichen Ideen zu Hause sitzt; sei es, dass Ihr Bruder zunächst bei der Idee bleiben will, dass es nicht ihm, sondern vielmehr Ihnen immer gut ging ...
Sie setzen den Grübeleien und den Spekulationen ein Ende und schreiten zur Tat!

Aber wie?

Zunächst möchten Sie Ihrem Herzen Luft verschaffen, einfach in den Raum werfen, dass Sie mit dem bisherigen Verlauf der Geschwisterbeziehung in keiner Weise zufrieden sind, dass Sie so

manchen Ärger in sich tragen, dass Sie andererseits ein offenherzigeres Verhältnis wünschen.
Das ist Ihr gutes Recht!

Da Sie jedoch nichts mehr fürchten als eine schroffe Zurückweisung oder gar einen „Gegenangriff", ist die Wahl Ihrer Mittel bzw. Strategie sehr entscheidend.
Wer seine Geschwister mit unerledigten Gefühlen wie Hass, Groll oder Wut überschüttet und auch noch auf ein Schuldeingeständnis wartet, der liegt klar falsch.
Es will also geübt sein, sich mit Geschwistern vorwurfsfrei über die gemeinsame Geschichte oder über neuere Spannungen zu unterhalten. Das heißt keineswegs, dass alle „peinlichen Themen" ausgeklammert werden müssen, weil sie nicht zu besprechen sind!
Gute Chancen, das Eis zum Schmelzen zu bringen, haben diejenigen, die persönlich-subjektive Empfindungen einzubringen vermögen, jedoch nicht von Beginn an davon ausgehen, dass sie vom Gegenüber uneingeschränkt geteilt werden. Wer mit Schwester oder Bruder ins Gespräch kommen möchte, sollte zunächst bei sich bleiben und auch betonen, dass es sich um eine ganz persönliche Wahrnehmung oder Empfindung handelt, die nicht zerredet, wohl aber gemeinsam betrachtet werden sollte: „Ich habe das damals so erlebt: …. Wie ist es dir eigentlich ergangen?" „Ich habe das Gefühl, dass die Gespräche zwischen uns nicht mehr so lebendig sind wie vor Jahren. Geht es dir ähnlich, woran könnte es liegen? Hast du eine Idee? Wenn nicht, will ich dir gerne meine dazu mitteilen. Wir können dann ja sehen, wie wir damit umgehen. Magst du?"

Nun ist es nicht selten, dass Hemmungen nicht überwunden werden können. Es ist tatsächlich nicht einfach, sich zu überwinden, Geschwister in dieser Weise zu konfrontieren. Auch sie werden unter Umständen verunsichert reagieren, wenn alte Zeiten in Erinnerung gerufen werden oder wenn der Wunsch nach mehr Beziehung so plötzlich im Raum steht. Außerdem ist nicht auszuschließen, dass Ihr Gegenüber bei heiklen Themen ungewollt blockt und sich längst nicht so verhält, wie es sich dies eigentlich doch wünschen würde.

Ist mit solchen Entwicklungen zu rechnen, so bietet sich ein anderes Medium an, das nicht jedem liegt, das jedoch viele Möglichkeiten bietet: der Brief!

> **Liebe Schwester!**
> Ein Brief an dich, das ist schon eine Seltenheit geworden. Ich weiß überhaupt nicht, wann und warum ich dir zuletzt geschrieben habe, aber das spielt jetzt auch keine weitere Rolle. Glaube mir bitte, dass ich lange gebraucht habe, mich hinzusetzen, um diese Zeilen an dich zu formulieren. Würdest du die vielen angefangenen und später zerrissenen Briefbögen in meinem Papierkorb sehen können, du könntest dir einen Eindruck davon verschaffen, dass es mir nicht leicht fällt, das in Worte zu kleiden, was mich bedrückt.
> Dennoch habe ich es geschafft, und ich bin sehr erleichtert darüber!
> Bei unseren letzten Treffen in der Familie habe ich wieder einmal gemerkt, dass zwischen dir und mir etwas nicht stimmt. Ich hatte zumindest das Gefühl. Es kann durchaus sein, dass du dies nicht so gesehen hast, ich will dich aber wissen lassen, was mich beschäftigt und was mir eigentlich schon lange zu schaffen macht. Ich bitte dich ganz herzlich, meine Zeilen jetzt in aller Ruhe zu lesen. Mach dir bitte keine Sorge: Ich werde nicht hingehen und dir irgendeine Schuld zuweisen! Ich will nur einfach einmal alles so schildern, wie ich unsere Beziehung erlebe und auch erlebt habe. Dabei will ich mich nicht von „fremden Stimmen" oder alten Geboten in die Irre leiten lassen, will ganz bei mir bleiben und dennoch so auch bei dir, liebe Schwester. Dass ich dir schreibe, wie es mir mit dir geht, ist doch ein lebendiger Beweis dafür, dass du mir nicht egal bist.
> So lass mich erzählen! Irgendwann, so hoffe ich, werden wir ins Gespräch darüber kommen. Das wünsche ich mir! …
>
> (aus den Anfängen eines Briefes einer Schwester an ihre Schwester)

Wie gut ein Wechsel der Perspektive, ein gemeinsames Gespräch neue, sehr wichtige Klarheiten und damit große Erleichterung schaffen kann, ist mir – völlig unerwartet – im Laufe dieses Buchprojektes deutlich geworden. Auch dazu ist eine kurze Reise in die eigene Vergangenheit erforderlich:

Nach meinem Abitur war mir im Gegensatz zu meinem zielstrebigen Bruder überhaupt nicht klar, welche berufliche Laufbahn ich einschlagen wollte. Mir schienen diverse Richtungen attraktiv, ich konnte und wollte mich jedoch nicht entscheiden. Außerdem plagte mich eine nicht exakt zu umschreibende Angst vor einem Studium, da mir viel mehr danach war, handfest zu arbeiten und mein Können ohne große Vorlaufphasen unter Beweis zu stellen. Meine Motive für diese Entscheidung lagen auf der Hand. Mein Vater liebte mich ohne Wenn und Aber, er lag aber unausgesprochen mit mir im Clinch, weil mir nach seiner Auffassung etwas der Biss fehlte. Mit relativer Sorge sah er mein mittelmäßiges Abschneiden in schulischen Belangen und schien zu befürchten, mir würde in dem Ringen um akademische Ränge unter Umständen die „Puste ausgehen". So ganz falsch lag er mit seinen Zweifeln nicht, denn ich sah mit höllischem Respekt einer langen Zeit der Klausuren und Prüfungen entgegen. Ich traute mir das noch nicht zu und sah mich schon gar nicht in der Lage, in dieser Hinsicht meinem Bruder das Wasser reichen zu können. Somit ließ ich zunächst die Möglichkeit verstreichen, an einer Pädagogischen Hochschule zu studieren, und bat meine Mutter eindringlich, bei der Jobsuche zu helfen. Ich – das stand fest – wollte mich nützlich machen, hart arbeiten!
Bezeichnenderweise suchte ich mir eine Beschäftigung in einem Krankenhaus aus und schlug dort die Laufbahn eines Pflegehelfers ein. In den ersten Monaten arbeitete ich zur Erprobung, als ich mich als geeignet erwies, bekam ich einen festen Vertrag und absolvierte die für diese Tätigkeit in einem chirurgischen Operationssaal erforderliche „kleine" Pflegeausbildung. Das reichte mir zu der Zeit, und ich war froh, sehr schnell ein wichtiges Glied in einem emsig arbeitenden OP-Team zu sein. Mein Chef war ein Genie auf seinem Gebiet, als Mensch war er ein Tyrann. Dennoch imponierte er mir, und ich tat alles, um sein Wohlwollen, seine Anerkennung zu erlangen.
Meine Schwester, zu der Zeit allein erziehende Mutter von zwei kleinen Kindern, arbeitete in der gleichen Abteilung in der dem Krankenhaus angegliederten Praxis meines und damit unseres Chefs als Sprechstundenhilfe. Sie erlebte damals eine harte Zeit, denn die Verbindung von Beruf und Mutterschaft war nie einfach. Sie galt als zuverlässig, fleißig und pünktlich, hatte aber aus der Sicht des gemeinsamen Chefs den „Fehler", pünktlich in den

Feierabend zu gehen, weil die Kinder versorgt werden mussten. Unser Chef arbeitet gerne rund um die Uhr.
Ich machte meinen Job mehr als gut! Da ich keine sonstigen Verpflichtungen hatte, eiferte ich meinem Chef nach, arbeitete ebenfalls rund um die Uhr, kam an Samstagen freiwillig zum Dienst, erledigte für den großen Chirurgen (der körperlich eher ein „Zwerg" war) alle möglichen Aufgaben, erstellte Statistiken, bereitete seine Teilnahmen an Kongressen vor, pflegte an Sonntagen freiwillig die Privatpatienten meines Chefs, weil auf der Station Personalmangel herrschte, … ich war der Tausendsassa, das Talent, ich war beliebt und geachtet – auch und endlich von meinem Chef!
Ich gefiel mir, meine Rolle sagte mir zu, ich wuchs über mich hinaus – bis ich mir schließlich nach drei Jahren doch wünschte, an eine Universität zu gehen. Das tat ich dann auch und nahm tränenreich Abschied von dem Team und von meinem Chef, der mir – als Geizhals verschrien – eine Brieftasche aus braunem Leder schenkte, die noch heute in meinem Nachttisch liegt.
Ich war gewachsen, alle Welt schien mit mir und dem Geleisteten sehr einverstanden zu sein.

So stellte es sich mir damals dar!

Kurz vor Weihnachten kam ich mit meiner Schwester über dieses Buchprojekt ins Gespräch. Wir tauschten Meinungen und Sichtweisen aus, bis sehr plötzlich meine von mir geschätzte Schwester erkennbar den Tonfall wechselte und mir barsch zu verstehen gab: „Ach, ich mag nicht mehr darüber reden. Wenn ich allein an damals in unserer gemeinsamen Zeit im Krankenhaus denke. Da warst du doch der Supermann, der immer da war, und ich konnte mir von unserem Chef immer die Vergleiche mit dir anhören: ‚Ihr Bruder schaut nie auf die Uhr! Sie lassen immer pünktlich alles stehen und liegen!' Da hast du mich doch in die Pfanne gehauen! Wer hat mich denn gefragt, wie es mir mit der Doppelbelastung ging? Keiner! Lass uns über was anderes reden! Ich schätze dich sehr, aber das war damals schon ein dicker Brocken für mich!"
Ich reagierte erstaunt, wechselte dann das Thema, wenig später verabschiedeten wir uns in bewährter Herzlichkeit. Dennoch rumorte es in mir! Was war vor so vielen Jahren geschehen? Was hatte ich nicht gesehen, ausgeblendet? Was hatte mich überhaupt angetrieben, mich in der Weise ins Zeug zu legen?

In den Tagen darauf wurde mir vieles klarer: Kein Zweifel – ich hatte zu der Zeit zwei Männer im Nacken, die mir zu schaffen machten: Gegenüber meinem Vater wollte ich den schnellen und unmissverständlichen Beweis antreten, dass ich sehr wohl „Biss" hatte; mit meinem Bruder suchte ich die mir damals angemessen erscheinende Variante des Konkurrenzkampfes, indem der kleine Bruder sich auch auf dem Gebiet des großen Bruders – der Medizin – tummelte, sich hierbei aber mit den „kleinen Weihen" zufrieden gab, weil ihm die Erlangung der „Königsdiszplin" unmöglich erschien. Wenn man so will, kann man bilanzieren: Ich wollte es den beiden Herren zeigen!
Ob die gewählte Form der Beweisführung nun die intelligenteste war, sei dahingestellt. Die Zeit liegt hinter mir, ich möchte sie unter keinen Umständen missen!

Meine Schwester blendete ich in diesem Ringen aus! Dies bereitete mir kein großes Kopfzerbrechen, weil ich tragischerweise wenig Sensibilität für ihre persönliche Lage entwickelte und ihre Empörung über meinen Verrat an ihr nicht spürte bzw. nicht spüren wollte. Blind vor Eifer ging ich meinen Weg!
Ich muss sogar rückblickend einen weiteren (menschlichen) Fehler einräumen: Bekam ich zu verschiedenen Gelegenheiten von dem beschriebenen Unmut meines Chefs über meine Schwester etwas mit, so ließ ich es geschehen, setzte keinen Kommentar entgegen und sonnte mich in dem Gefühl, ganz anders und sicherlich auch „besser" zu sein.
Ich wusste, dass mein Chef Person und Einsatz meiner Schwester eigentlich sehr schätzte, wollte aber nicht zulassen, dass durch mein Dazutun sich die Verärgerung abschwächte. Zur Linderung meines sich dann doch meldenden Gewissens tat ich das, was in den Anfängen dieses Buches im theoretischen Kontext näher erklärt wurde: Ich reduzierte meine Schwester auf die negativen Aspekte ihrer Rolle in unserer Herkunftsfamilie! „Sie tut ohnehin immer das, was sie will!", war dort zu hören.
Ungefiltert übernahm ich (als junger Erwachsener) die Interpretations- und Verhaltensmuster von damals und bestätigte meinen Chef in seinem Unmut. Der „brave Junge" ging zum strengen Chef (Vater) und widersprach nicht, wenn dieser andeutete, dass die eigene Schwester „frech" ist.
Aus der Kindheit sind uns solche Spielchen sehr vertraut. Zur Er-

langung der Gunst unserer Eltern nehmen wir so manchen Weg und lassen dabei unsere Geschwister schon mal auf der Strecke.
Später sind wir auch nicht immer gefeit gegenüber solchen Rückfällen in kindliche Verhaltensmuster. Der Kampf um Anerkennung verbiegt auch das Rückgrat manches Erwachsenen.

Meine Schwester musste damals mein Verhalten als Verrat erleben!

Indem ich den Faden unseres damaligen Gespräches wieder aufnahm, versuchte ich, ihr meine damalige Perspektive deutlich zu machen. Ich schilderte ihr die Gründe für meine damalige „Blindheit".
Ihre Reaktion war eindeutig: „So habe ich das nie gesehen. **Es stimmt, was du sagst!**"

Zwischen den Jahren im Krankenhaus und den beiden Gesprächen liegen 31 Jahre!
Eine Korrektur der Perspektiven ist immer möglich, auch wenn man zunächst einmal schlucken muss, wenn man zu hören bekommt, dass man die eigene Schwester „in die Pfanne gehauen" hat.
Ich werde mein Bestes geben, dass sich dieses nicht wiederholt!

Dies und das

Du und ich, wir hatten dies und das:
Blanke Kiesel, Muscheln, Vogelnester,
Kugeln auch aus bunt gestriemtem Glas,
Und du warst der Bruder, ich die Schwester,
Und wir stritten uns um dies und das:
Um Kastanien, Kolben aus dem Röhricht,
Und wir wurden groß, und es schien töricht,

Es erschien uns alles als ein Spiel,
Als ein Nichts erschien uns dies und das.
Heute nun, da du vor mir des Balles
Müde wardst, und er in meiner Hand

Liegen blieb wie ein vergessnes Pfand,
Weiß ich: dies und das, ach es war viel!
Lieber Bruder, dies und das war alles.

(Ina Seidel)

8.5 Den Neid überwinden

Eingangs wurde darauf aufmerksam gemacht, dass Neid ein häufiger Verursacher von Geschwisterrivalitäten ist. „Mein Haus, mein Auto, mein Swimming-Pool" – die Rede war bereits davon. Passender ist das Lebensgefühl unserer heutigen Neidgesellschaft nicht auszudrücken.
Nach *Peter Sloterdijk*, bekannter Philosoph, befeuert die „gelbe Emotion" ein „Neidkraftwerk", das die Habgier ins Endlose steigert.
Neid ist also ein ausgesprochen unangenehmes Lebensgefühl; er zeugt von mangelnder Souveränität und ist daher verpönt. Neid kann zerfressen, sich zu einem vernichtenden Gefühl entwickeln. Da seit dem Mittelalter der Neid zu den sieben Todsünden gehört, gibt fast niemand zu, dass er neidisch ist. Allenfalls geben wir zu, dass wir früher sehr wohl neidisch waren auf unsere Geschwister, unter den Erwachsenen ist die Vokabel jedoch ein Tabu.
Die mit Neid verbundenen unliebsamen Regungen werden versteckt, wie schon der neidische Fuchs in der berühmten Fabel von Äsop mit Blick auf die zu hoch hängenden Trauben geschickt auswich: „Die Trauben sind mir zu sauer!"

Ähnliches kann man zwischen Geschwistern beobachten. Es zeigt sich in von Neid gefärbten Raufereien im Kinderzimmer oder im Kommentar des Bruders, der das größere Päckchen für seine Schwester unter dem Weihnachtsbaum entdecken muss: „Diesen ganzen Konsumterror habe ich schon lange satt!"
Sind die Geschwister erwachsen geworden, wird es diesbezüglich stiller. Das heißt jedoch nicht, dass der Neid verschwunden ist, vielmehr sucht er sich auf indirekten Wegen sein Ventil: meist äußert er sich in herablassenden Bemerkungen, im Belächeln oder in Konkurrenzverhalten.

Wie ist es möglich, dass einige Menschen sehr gut damit umgehen können, wenn es den Geschwistern vermeintlich besser geht, dass andere jedoch sehr schnell das Gefühl entwickeln, zu kurz gekommen zu sein?
Rolf Haubl, Psychoanalytiker in Augsburg, beklagt, dass neidische Menschen ein falsches Selbstbild haben. Sie übernehmen Leistungsansprüche von außen und rennen hinter der Anerkennung anderer hinterher. Solche Menschen hatten eigentlich nie die Gelegenheit herauszufinden, was ihnen persönlich wichtig ist, worin ihre Stärken liegen und was ihnen Spaß macht.
Trifft diese Einschätzung zu, so bedeutet dies im geschwisterlichen Kontext zweierlei:

a) Neiden Geschwister ihren Schwestern/Brüdern etwas, so kann dies der indirekte Ausdruck dafür sein, dass sie (noch immer) um deren Anerkennung ringen.
b) Erleben Geschwister gegenüber ihren Geschwistern großen Neid, so kann dies auch der Hinweis darauf sein, dass sie sich selbst „nicht ganz grün sind", von starken Selbstzweifeln geplagt werden, sich noch nicht gefunden haben.

Wer also sein geschwisterliches Gegenüber primär durch die „Neidbrille" betrachtet, wird nicht umhin kommen, sich unbequeme Fragen zu stellen.
Andererseits kann das merkwürdig abweisende Verhalten von unseren Geschwistern sich aus Neid heraus entwickelt haben – was uns wiederum zu der Frage führen sollte: Verweigere ich der Schwester/dem Bruder meine Anerkennung, oder ist sie/er unzufriedener mit sich, als ich es jemals vermutet hätte?

Sich auf den Weg der Klärung dieser Fragen zu machen, könnte uns unseren Geschwistern ein ganzes Stück näher bringen. Vorausgesetzt, wir sind ehrlich zu uns und gehen behutsam ans Werk!

Allen „Neidhammeln" gilt ein Trost, den uns *Petri* schenkt:
„Wenn man sich Lebensläufe von Geschwistern genauer ansieht und dabei einen Blick hinter die äußere Fassade wirft, wird man in der Regel finden können, **dass bei allen Geschwistern Niederlagen mit Erfolgen, Leiden mit Glück, Geschwisterhass mit Geschwisterliebe abwechseln.**"

Hierfür aber fehlt zu oft der Blick, weil uns der Neid etwas anderes weismachen will. Versuchen wir es, den Blick umzukehren!

> Wir kommen bei der Geschichte von Kain und Abel nicht um die Frage nach der Sünde herum. Aber was hat dieser Bruder mit uns zu tun? So eine Ausnahmesituation! Na schön, es geht um Neid, um Eifersucht, diese Gefühle kenne ich auch von mir selbst. Deshalb bringe ich aber niemanden um. Beispiele von Rufmord, von Mobbing, von der Ellenbogentaktik, mit der wir im Großen wie im Kleinen einander die Lebensgrundlagen zerstören, können es auch tun. Das ist vielleicht schon nicht mehr ganz so weit weg von Kains Sünde, oder? Im Grunde geht es um unser Miteinander. Im Ideal unseres Lebensbildes hat die Zerstörung zwischenmenschlicher Beziehungen keinen Platz, es geht darum, aufeinander Acht zu geben.
> Die rhetorische Frage Kains: „Soll ich meines Bruders Hüter sein?" ist zwar bewusst als provokante Übertreibung formuliert (schließlich sind sie beide erwachsene Männer), aber als Frage ernst genommen müsste die Antwort eigentlich „Ja" lauten. Daran, wie wir miteinander umgehen, entscheidet sich unser Verhältnis zu Gott.
> Was aber wäre nötig gewesen, um diesen Mord zu verhindern? Was brauchen wir, um einander zu respektieren und zu lieben? Vielleicht hat bei Kain und Abel etwas gefehlt; jedenfalls vermisse ich bei den beiden etwas: ein ehrliches Interesse aneinander als Voraussetzung für ihre Gemeinschaft. Jeder werkelt so vor sich hin, macht sein Ding, ohne nach links oder rechts zu schauen. (…) Wenn wir einander nicht wahrnehmen und uns nicht mitteilen, kann eine Beziehung nicht wachsen. Gemeinschaft braucht Kommunikation und Offenheit. (…)
> „Wenn jemand spricht: Ich liebe Gott, aber er hasst seinen Bruder (oder seine Schwester), der ist ein Lügner." (1 Joh.4,20) – So einfach und klar ist das.
> (Susanne Kobler von Komorowski, Predigt zu Gen. 4,1-16a, Gottesdienst in der Peterskirche in Heidelberg am 10.09.2006)

Stellen Sie nun bitte die folgenden Fragen. Will ich zukünftig im Umgang mit meiner Schwester/mit meinen Bruder

- über den eigenen Schatten springen und mich einem Gespräch öffnen?
- auch Unangenehmes ansprechen?
- das Positive in meinem Gegenüber verstärken?
- Auseinandersetzungen zulassen?
- dem Leben des Anderen Raum geben?
- meinem Ärger dennoch Luft lassen?
- mutig eingreifen, wenn es nötig sein sollte?
- Zeit geben, damit Gedanken reifen können?
- mich offen zeigen?
- Freude erkennen und beantworten?
- Entschuldigungen annehmen?
- Anders-Sein akzeptieren?
- begleiten und helfen, wo es erwünscht wird?
- um Verzeihung bitten, so es erforderlich sein sollte?
- mich auf die Suche nach Stärken und Sehnsüchten begeben?
- neue Wege gehen, statt auf alten Pfaden zu „trampeln"?

9. Die Hand ausstrecken – Zeichen der Versöhnung

Bislang standen Konflikte und Spannungen zwischen Geschwistern im Mittelpunkt der Überlegungen. Diese können auf konstruktive Weise geklärt werden, wie es in den Kapiteln zuvor deutlich geworden ist.

Was aber gilt es zu tun, wenn etwas zwischen Geschwistern steht, was nicht durch Wechsel der Perspektive oder Gespräche geklärt werden kann? Gibt es einen Ausweg, wenn Geschwister die Erfahrung gemacht haben oder felsenfest davon überzeugt sind, in einer solchen Weise von ihrer Schwester oder ihrem Bruder gekränkt, missachtet, verraten oder betrogen worden zu sein, dass eine Wiederannäherung unmöglich erscheint?

„Für mich ist X gestorben!"
„Ich habe keinen Bruder mehr!"
„Wer sich so verhält, kann nie und nimmer meine Schwester gewesen sein!"

So kompromisslos solche und andere Aussprüche sich zunächst anhören, so verzweifelt klingen sie zugleich. Der Schmerz sitzt tief – so tief, dass man festen Willens ist, Bruder/Schwester aus dem Leben zu verbannen.

In der Tat können Geschwister einen oder mehrere Fehler machen, wodurch sie Schuld auf sich laden. Diese Schuld wiegt schwer, da sie ihrem geschwisterlichen Gegenüber nicht das gegeben haben, was ihm zusteht: Respekt, Achtung, Rücksicht und schließlich Liebe.

Die Liste möglichen schuldhaften Verhaltens ist endlos. Da gibt es Geschwister, die sich in finanziellen Belangen an der Grenze zur Illegalität bewegen und nicht davor zurückschrecken, zum Beispiel den Bruder hineinzuziehen; es gibt Schwestern, die ihre Schwestern zur Wahrung ihres persönlichen Vorteils mehrfach verleugnen.

Es gibt auch weniger schwere Fälle des Begehens einer Schuld, die nur aus der Sicht einer/eines Beteiligten schwer wiegt. In Geschwisterbeziehungen sind besonders diese Schuldfragen schwierig zu klären, da einer/eine zunächst das zur Klärung notwendige Schuldbewusstsein entwickeln muss.
„Du bist schuld!" Mag auch diese Zuweisung schnell und unüberlegt ausgesprochen sein, so sollte dies nicht dazu veranlassen, einem möglichen Verschulden auf die Spur zu kommen!

Unabhängig von der Frage, was geschehen ist: Die Betroffenen spielen das Vergangene immer wieder in Gedanken durch und grübeln darüber, ob es rechtens war, die Beziehung ein für allemal ruhen zu lassen, den Kontakt zu verweigern. Auf der einen Seite sehen sie in der kategorischen Verweigerung das einzige Mittel, ihrer tiefen Kränkung Ausdruck zu verleihen, auf der anderen sehen sie sich nach den vielleicht friedvollen Zeiten vor dem Ereignis, das alles verändert hat.
Was immer ein Bruder/eine Schwester ihrem Geschwister angetan haben mag: Die Geschädigten, Verlassenen, Verratenen werden sich stets fragen, ob ihre scharfe Gegenreaktion gerechtfertigt war, ob ihr Gegenüber es nicht doch verdient hat, dass man es noch einmal miteinander probiert!

„Es ist doch schließlich meine Schwester!"
„Es ist doch schließlich mein Bruder!"

Ganz genau!
Brüder und Schwestern sollten sich in besonderer Weise prüfen, ob sie nicht doch die Hand zur **Versöhnung** ausstrecken können!

„Wir wollen uns wieder vertragen!" Wie oft kam dieser Satz über die Lippen von kleinen Geschwistern, wenn sie des Tobens, Spuckens, Schmeißens, Weinens überdrüssig waren! Wie oft waren sie in der Lage, diesen so alles entscheidenden Satz auch durchaus mehrfach an einem Tag auszusprechen, weil die guten Vorsätze nicht allzu lang hielten! Und jedes Mal taten sie dies mit großer Hingabe, getragen von dem Bedürfnis nach Harmonie und Einssein mit Bruder oder Schwester!

„Sich vertragen" ist im Leben erwachsener Geschwister nicht so einfach.

Die Hoffnung auf Versöhnung in den „Schlaglöchern und Schräglagen" des Alltags prägt uns in allen Phasen des Lebens.
Katharina Ley, u.a. Autorin eines viel gelobten Buches über Geschwisterbande, erklärte im Rahmen der 55. Lindauer Psychotherapiewochen am 15. April 2005 auf die Frage „Warum Versöhnung?":

„Von Versöhnung wird geträumt, **weil unversöhnte Beziehungen das Leben auffressen**. Versöhnung kann aus Einsicht in das Zerstörungspotential von Unversöhntem angestrebt werden. (…) Die unguten Gefühle müssen zugelassen werden. Ohne die Verarbeitung von Konflikt, Aggression, gar Hass kann es keine Versöhnung geben. **Ein Mensch verarbeitet seine seelischen Konflikte, wenn er Versöhnung anbieten kann.**"

Versöhnung ist zugegebenermaßen die schwerste und reifste Leistung des Menschen im Umgang mit inneren und äußeren Konflikten. *Ley* ist fest davon überzeugt, „dass die **Kraft des Heilens von den liebenden, versöhnlichen Gefühlen ausgeht**, vom Erkennen von Ressourcen und nicht vom gebannten Blick auf die Abwehr und das Leiden"!

Unglaublich, wie viel Mühe und Energie Versöhnung kosten kann! Erstaunlich, wie lange um den ersten Satz in einer auf Eis gelegten Beziehung gerungen wird. Unfassbar, wie hoch die Beharrungskräfte sind: „Ich bin im Recht!"

Und auf der anderen Seite steht der Gewinn: Versöhnung setzt Energien frei. Versöhnung gewährt neue Sichtweisen auf das menschliche Miteinander.

Versöhnung beginnt …

Versöhnung beginnt

wenn wir miteinander weinen können
und lernen, zusammen zu trauern

Sie setzt sich fort
wenn wir Erinnerung wagen

Versöhnung beginnt

wenn ich nichts weglassen muss
was ich für wahr halte
und dasselbe für dich gilt
Sie setzt sich fort
wenn ich mich an deiner Stärke freuen kann
und wir lernen
unsere jeweiligen Gaben zu feiern

Versöhnung beginnt

wo ein Raum dafür geschaffen
und Türen geöffnet werden
und mir trotzdem Zeit gelassen wird

Sie setzt sich fort
wenn der Antwort
eine echte Frage vorausgeht
und wir Entdeckungen machen
die wir nicht erwartet hätten

(Pfarrerin Irja Askola, Finnland)

Niemand legt fest, ob und wann der Zeitpunkt für eine Versöhnung zwischen Geschwistern gekommen ist. Der Impuls, eine Fehde zu beenden, muss aus tiefstem Herzen kommen, nicht aus einem Pflichtgefühl heraus. Nur dann kann Versöhnung auch gelingen! Doch bevor wir voreilige, gekünstelte Schritte tun bzw.

Entgegenkommen erwarten, sollten wir einen Rat *Petris* beherzigen: „Die Versöhnung mit den anderen setzt zuallererst die Versöhnung mit sich selbst voraus. Bezogen auf Geschwisterkonflikte bedeutet dies vor jeder konkreten Wiederannäherung eine **gründliche Innenansicht**, bei der man die eigenen Schattenseiten ausleuchtet. Dabei tauchen zahlreiche Fragen auf, die eine offene Antwort verlangen."

Mögliche Fragen sollten auch wir uns stellen! Sie könnten lauten:

- Was habe ich konkret getan, dass meine Schwester/mein Bruder mir so gegenübertritt, wie es sich im Moment darstellt?
- Habe ich Schwester oder Bruder beleidigt bzw. gekränkt?
- Gibt es etwas, das ich in unserer Beziehung übersehen habe oder nicht sehen wollte?
- Habe ich meiner Schwester/meinem Bruder jemals zu verstehen gegeben, dass ich Dankbarkeit und Zuneigung ihnen gegenüber empfinde?
- Ist es mir gelungen, meinem Bedürfnis nach Nähe Ausdruck zu verleihen?
- Konnte ich mich jemals mit meiner Schwester/meinem Bruder freuen?
- Auf welche Weise konnte ich Erfolge anerkennen, oder habe ich dies vermieden, weil der Neid mich packte?
- Ließ ich gegenüber Schwester/Bruder auch erkennen, dass ich sehr wohl Schwächen habe?
- Ist es vorgekommen, dass ich meine Hilfe verweigert habe oder mich innerlich dagegen gewehrt habe zu erkennen, dass meine Hilfe erforderlich war?
- Habe ich die meiner Schwester/meinem Bruder wichtigen Menschen – vor allem deren/dessen Ehepartner und Kinder – wirklich angenommen?
- War ich, wie mir oft vorgehalten wurde, in unserer Herkunftsfamilie, tatsächlich der „kleine König"? Habe ich dies ausgespielt?
- Konnte ich mich überhaupt für die Nöte und Probleme meiner Geschwister interessieren, nicht nur oberflächlich interessiert zeigen?
- Kann man mir mit Recht sagen, dass ich den Kontakt zu meinen Geschwistern vernachlässigt habe?

- Wollte und konnte ich zeigen, wie wichtig mir meine Geschwister sind und waren?
- Kann ich von mir wirklich behaupten, dass ich ein Mensch bin, dem man bedingungslos Vertrauen schenken darf?
- Wie steht es um meine Gefühle in Bezug auf meine Geschwister? Erlebe ich Neid und Rivalitätsgefühle? Wie gehe ich damit um – offen oder verdeckt?

10. Jakob und Esau – Geschwisterlichkeit aus personaler und globaler Sicht

Wir erinnern uns (1. Buch Mose):
Isaak wollte seinem älteren Sohn Esau durch seinen Segen die Herrschaft über die anderen Söhne vererben. Seine Frau Rebekka stiftet den zweiten Sohn Jakob gegen dessen Willen zum Betrug an seinem Vater und Bruder an: Jakob lässt sich, als Esau verkleidet, von Isaak segnen. Esau beschließt daraufhin, seinen Bruder zu töten!

Schauen wir uns diese immer noch aktuelle Brudergeschichte weiter an! Aktuelle Kommentare werden ergänzt, die ich während einer Predigt von *Pfarrer Franz Schleiermacher*, katholischer Geistlicher der Pfarrgemeinde St. Cyriakus in Düren-Niederau, vor Jahren dankbar aufnahm.

Jakob hatte seinen Bruder mit der Erschleichung des Erstgeburtsrechts, das ein Vermögen wert war, hinterlistig betrogen, um das gebracht, was ihm zustand!

Heftige Konflikte dieser Art müssen wir nicht erst in der Bibel suchen. Wie oft geschieht es, dass Geschwister, die zuvor noch in Frieden lebten, auf einmal damit beginnen, rücksichtslos ihren eigenen Vorteil zu suchen? Sie spielen plötzlich mit verdeckten Karten und habe keinerlei Skrupel, andere zu hintergehen. Unversöhnlichkeiten sind die Folge.
Esaus Reaktion ist gänzlich unversöhnlich; er ist bereit, das Lebenslicht seines Bruders unwiederbringlich auszulöschen.

Wo Unversöhnlichkeit Raum greift, folgt die Gewalt auf dem Fuße. Es beginnt mit Blicken, die töten können, über Rufmord – bis hin zu den Kriegen auf unserem Planeten.
Jakob flieht im Bewusstsein der Schuld vor dem berechtigten Zorn des Bruders. Er flieht in ein anderes Land – weit weg von seinem Bruder und seiner Familie.

Flucht vor der Auseinandersetzung, vor dem Eingestehen von Schuld – doch Flucht ist kein Ausweg, denn irgendwann kommt die Zeit, dass man sich stellen muss. Andererseits brauchen Menschen oft viel Zeit, um zu erkennen, was falsch gelaufen ist.
Bei Jakob und Esau dauert dieser Prozess sehr, sehr lang – 20 Jahre. Sie begegnen sich wieder …

„Kaum war Jakob weiter gezogen, da sah er auch schon Esau, wie er mit vierhundert Mann anrückte. Sofort stellte er seine Kinder zu ihren Müttern. Die beiden Mägde mit ihren Kindern mussten vorangehen, dahinter kam Lea mit ihren und ganz zum Schluss Rahel mit Josef. Er selbst lief an die Spitze des Zuges und verbeugte sich siebenmal, bis sie seinen Bruder erreicht hatten. Der rannte Jakob entgegen, fiel ihm um den Hals und küsste ihn. Beide weinten. Dann betrachtete Esau die Frauen und die Kinder. ‚Wer sind sie?‘, fragte er. ‚Das sind die Kinder, die Gott deinem Diener geschenkt hat‘, antwortete Jakob. Die beiden Mägde mit ihren Kindern kamen näher und verbeugten sich vor Esau, ebenso Lea mit ihren Kindern und schließlich Rahel mit Josef.
‚Warum hast du mir diese großen Herden entgegengeschickt?‘, fragte Esau. ‚Sie sind ein Geschenk für dich, meinen Herrn, damit du dich mit mir versöhnst‘, erklärte Jakob. Aber Esau erwiderte: ‚Ach, mein Bruder, ich habe schon selbst genug, behalte es doch!‘ ‚Nein, nimm bitte mein Geschenk an‘, bat Jakob, ‚als Zeichen, dass du mich wieder annimmst. Als ich dir ins Gesicht schaute, war es, als würde ich Gott selbst sehen, so freundlich bist du mir begegnet! Nimm es also an! Ich habe es von Gott geschenkt bekommen, und ich habe wirklich alles, was ich brauche.‘ So drängte Jakob, und Esau gab schließlich nach."

Vor dieser Begegnung mit seinem Bruder hatte Jakob noch eine Begegnung mit Gott. Im Traum musste Jakob mit einem Engel kämpfen; dieser Kampf endet erst, als der Engel Jakob segnet und ihm den Namen „Israel" gibt.

Der Versöhnung mit dem Bruder ging damals und geht sicherlich auch heute so manch innerer Kampf voraus. Quälende Fragen machen sich breit: „Soll ich mich überhaupt versöhnen? Wird meine Entschuldigung angenommen? Kann und will ich wirklich verzeihen? Es gibt eine Vielzahl von menschlichen Beweggründen, Versöhnung auszuschließen oder aufzuschieben. In der Zwiesprache mit Gott aber merken wir es ganz deutlich: Wir können es nicht zulassen, dass Hass, Unversöhnlichkeit und Bitterkeit in unseren Herzen wohnen!

Hoffnung auf Versöhnung
Hoffnung auf Versöhnung, Sehnsucht nach Versöhnung –
ein sehr menschliches Sehnen.
Mit Gefühlen und Bedürfnissen, die sich nicht leicht in Worte fassen lassen.
Hoffnung auf Versöhnung, Sehnsucht nach Versöhnung, wenn die Atmosphäre so komisch angespannt ist.
Wenn zwischen den Menschen irgendetwas abgeht, das schwer zu fassen ist.
Wenn der Ton plötzlich spitz und aggressiv wird.
Wenn ich mich selbst zerrissen fühle.

Hoffnung auf Versöhnung, Sehnsucht nach Versöhnung – aus den Tiefen meines Bewussten und Unbewussten.
Der Wunsch nach Heilsein, nach Auflösung der Spannung.
Der Wunsch nach Ausgeglichenheit, nach Begegnung auf Augenhöhe, angepasst an die Situation und ihre Erfordernisse.
Hoffnung auf Versöhnung, Sehnsucht nach Versöhnung – manchmal uralt, überwältigend stark, in den frühsten Tagen der Kindheit angelegt.
Mitgeschleppt durch alle Beziehungen und Gruppen,
mitgeschleppt am Arbeitsplatz, im Verein, in der eigenen Familie, im Umgang mit mir selbst.

Hoffnung nach Versöhnung, Sehnsucht nach Versöhnung
Hoffen und Sehnen über den Alltag hinaus, über meine kleine Welt hinaus.
Hoffnung auf Versöhnung zwischen den Völkern.
In diesen Tagen im Blick – bei Friedenseinsätzen rund um die Welt.
Neben aller Hoffnung: die Mühe der Versöhnung.

(Pfarrerin Christine Sippekamp am 19. November in der Himmelfahrtskirche München-Sendling)

Jakob hat große Angst vor Esau, denn er ist es, der einiges gutzumachen hat. Doch ganz frei von Schuld ist Esau auch nicht, da er den Hass gegen seinen Bruder so lange Zeit in seinem Herzen geschürt hat. Wegen dieses Hasses wollte er sogar seinen Bruder töten! Das aber wäre eine ungleich größere Schuld gewesen.

Dass Schuld sich fortsetzt, wenn keine Vergebung geschieht, ist in unserem Alltag eine häufige Erfahrung: Geschädigte, denen Unrecht widerfahren ist, laden selbst weitere Schuld auf sich – auf ein schlechtes Wort folgen zwei schlechte Worte ...

Jakobs Angst vor Esau fällt nicht vom heiteren Himmel. Er weiß überhaupt nicht, wie sein Bruder nach all den Jahren zu ihm steht. Außerdem muss Jakob erkennen, dass sein Bruder in Begleitung eines 400 Personen starken Heeres ist. Auf den ersten Blick muss sich also Esau seinem Bruder als „hoch gerüstet" darstellen.
In diesem Augenblick hätte Jakob durchaus noch einmal die Flucht ergreifen können. Doch Jakob stellt sich, weil er in dem Wissen um Gottes Segen erkennt, dass er nicht immer weglaufen kann.

Auch wir erreichen wenig damit, wenn wir vor den Menschen/Geschwistern weglaufen, mit denen wir zerstritten sind.

Jakob setzt deutliche Zeichen der Versöhnung; er macht seinem Bruder großzügige Geschenke: 220 Schafe, 220 Ziegen, 30 Kamele mit Jungen, 50 Kühe, 3 Esel.
Man mag einwerfen, dass es sich hier um einen plumpen Bestechungsversuch handelt ... Wichtiger ist aber, dass Jakob, seiner Familie voraus, gänzlich unbewaffnet auf seinen Bruder zugeht! Er macht sich damit wehrlos, gesteht seine Schuld ein und gibt seinem Bruder die gestohlene Macht und Würde zurück. Zudem neigt er sich sieben Mal zur Erde – dies war ein Begrüßungsritus der kleineren Stadtfürsten vor dem Pharao. Jakob bringt Demut zum Ausdruck und wirft sich vor Esau nieder, erkennt ihn mit dieser deutlichen Geste als Herrn an. Er bereut die Tat, die Erschleichung des väterlichen Segens, zutiefst.

Zeichen der Versöhnung können wir auf vielfältige Weise setzen! Hierbei muss es sich nicht um große Güter handeln: Eine kleine

Aufmerksamkeit kann die morsch gewordene Brücke zu Bruder oder Schwester langsam wieder stabilisieren!

Esau hebt den am Boden liegenden Bruder auf; sie umarmen und küssen sich; sie weinen miteinander.
Damit stehen die beiden endlich wieder auf Augenhöhe, können sich wieder in die Augen schauen.
Zuvor scheuten sie sich nicht ihrer inneren Gefühle zueinander!
Esau greift also nicht an; er nutzt die Unterwürfigkeit Jakobs in keinem Augenblick aus.

Haben uns Brüder oder Schwestern verletzt und es naht die Stunde der Versöhnung, so sollte nicht mehr angegriffen werden! Schuld kann man zweifelsfrei offen beim Namen nennen – die Bestrafung aber sollte ausbleiben!

Jakob und Esau haben zusammengefunden. Ihr Miteinander, so steht mit Recht zu vermuten, wird eine neue Qualität besitzen.

Jakob und Esau – Geschichten aus vergangenen Zeiten? Eher nicht!

Brüderlichkeit bzw. Geschwisterlichkeit lassen sich, das ist angedeutet worden, sehr wohl auch auf das Leben aller Menschen untereinander beziehen. Mit diesen Begriffen ist die Überzeugung von der Zusammengehörigkeit und von der Gleichheit und Würde aller Menschen verbunden.
Der Gedanke der Brüderlichkeit stammt ursprünglich aus der Philosophie der Stoa und aus dem Judentum, wurde dann in das Christentum übernommen. Mit dem Gebot der Nächstenliebe lehrte uns Christus die Brüderlichkeit. In anderen Kulturen haben die Ideale von Brüderlichkeit und Humanität einen vergleichbar hohen Stellenwert – so im Buddhismus.
Brüderlichkeit schließt im weiteren Sinne die Humanität, den Pazifismus, die Feindesliebe und die Barmherzigkeit mit ein.
Viele geistliche Strömungen suchten die Verwirklichung des revolutionären Gedankens der Geschwisterlichkeit. Ein geschwisterliches Leben war so zum Beispiel die Vision des Franz von Assisi. Für ihn umfasste Geschwisterlichkeit nicht nur alle Menschen, sondern auch den Kosmos mit Schwester Sonne, dem Bruder Mond und den Sternen.

> Das Mittel, das Jesus uns anbietet, um diese weltweite Geschwisterlichkeit zu verwirklichen, ist die Liebe, eine neue, große Liebe, die anders ist, als wir sie normalerweise kennen. Denn Jesus hat die Art, wie man im Himmel liebt, auf die Erde gebracht.
>
> Die Liebe, die er bringt, führt uns dazu, alle Menschen zu lieben, nicht nur Verwandte und Freunde: den sympathischen wie den unsympathischen, den Landsmann wie den Fremden, den Europäer wie den Zuwanderer, den Angehörigen der eigenen Kirche oder Religion wie den der anderen.
>
> Diese Liebe verlangt heute von den Ländern Westeuropas, die mittel- und osteuropäischen Staaten zu lieben, und von allen, sich den Ländern der anderen Kontinente zuzuwenden.
>
> Aus der Sicht seiner Gründer ist Europa ja eine Familie von Völkern, die einander Geschwister sind: eine Familie, die sich nicht auf sich selbst zurückzieht, sondern offen ist für eine weltumspannende Aufgabe: ein geeintes Europa, um zur Einheit der Menschheitsfamilie beizutragen.
>
> Wenn die Liebe, die Jesus gebracht hat, von Millionen Europäern gelebt würde, wäre sie ein mächtiger Impuls, um auf diesem Weg voranzukommen.
>
> (Chiara Lubich zu den Aufgaben in einem vereinten Europa)

Uwe Leicht von der Evangelischen Beratungsstelle in Wuppertal bezeichnete auf dem Diakonentag der Evangelischen Stiftung Tannenhof die Geschwisterrolle als eine **Rolle für das Leben**.

„Wer schreibt das Drehbuch? Kann ich die Rolle auch ablegen wie ein Schauspieler? Fördert diese Rolle, in eine Geschwistergemeinschaft eingebunden zu sein, mein Leben, oder bestimmt es sie eher?"
Diese und andere Fragen begleiteten sein Referat.

Nun, ob wir Geschwister als Bereicherung oder Belastung erleben, was wir aus unseren Geschwisterbeziehungen machen, liegt letztendlich in unserer Hand.

Was das „Drehbuch" angeht, so müssten mit der Lektüre dieses Buches bedeutende Zusammenhänge klarer geworden sein.

Es war das Ziel, Geschwister zu befähigen, ihre Geschichte, die Entwicklung ihrer Beziehung und verschiedene Einflüsse besser

verstehen zu können. Des Weiteren sollten Möglichkeiten aufgezeigt werden, wie die eigentlichen Ursachen von Konflikten und Spannungen ausfindig zu machen sind.
Schließlich sollte die stattgefundene Reflexion neue Sichtweisen ermöglichen, die eine Grundlage dafür sein können, auf Geschwister, die uns fremd geworden sind, wieder zuzugehen.
Diese Ziele wurden, so bleibt nur zu hoffen, erreicht.

Wer sich der Thematik nähert und öffnet, wird neben so vielen möglichen Antworten gleichzeitig neue Fragen auftauchen sehen. Dies liegt in der Natur der Sache, denn Beziehungen zu Geschwistern sind ständig in Bewegung.

Wir sollten uns nicht den Mut nehmen lassen, festgetretene Pfade zu verlassen. Veränderungen und Verbesserungen in unserer Gemeinschaft mit Geschwistern sind sehr wohl möglich – wir müssen nur den Anfang machen!

Viel Erfolg dabei!

Abel steh auf
es muss neu gespielt werden
täglich muss es neu gespielt werden
täglich muss die Antwort noch vor uns sein
die Antwort muss ja sein können
wenn du nicht aufstehst Abel
wie soll die Antwort
diese einzig wichtige Antwort
sich je verändern
wir können alle Kirchen schließen
und alle Gesetzbücher abschaffen
in allen Sprachen der Erde
wenn du nur aufstehst
und es rückgängig machst
die erste falsche Antwort
auf die einzige Frage
auf die es ankommt
steh auf
damit Kain sagt
damit er sagen kann
Ich bin dein Hüter
Bruder
wie sollte ich nicht dein Hüter sein
Täglich steh auf
damit wir es vor uns haben
dies Ja ich bin hier
ich
dein Bruder

(Hilde Domin)

Dank

Volker Deltow, Brigitte Esser, Ulrike Farin, Lisa Frieling,
Silvia Fischer, Ingrid Fuß, Marlene Hax, Constanze Heck,
Helmuth, Ekki Hoehl, Ralf Hollnack, Stefan Jünger,
Simone Kämper, Katharina Kämpfe, Bettina Röser,
Rebekka Ropertz, Heiko Sakurai, Sophie Sennlaub,
Sven Strobel, Peter van der Meulen, Paola Windelschmidt
sowie „Amie", „Peet" und „Sonnenschein" sei für Unterstützung
bzw. für die Mitarbeit von Herzen gedankt!

Literatur

Stephen P. Bank/Michael D. Kahn, Geschwister-Bindung, München 1994 (Deutscher Taschenbuch Verlag)

Jürg Frick, Ich mag dich – du nervst mich! Geschwister und ihre Bedeutung für das Leben. Zweite, überarbeitete und ergänzte Auflage, Bern 2006 (Verlag Hans Huber)

Mathias Jung, Geschwister. Liebe, Hass, Annäherung, Lahnstein 2001 (Emu)

Hartmut Kasten, Geschwister. Vorbilder, Rivalen, Vertraute, München 2001 (Ernst Reinhardt Verlag)

Francine Klagsbrun, Der Geschwisterkomplex, Frankfurt 1993 (Eichborn)

Katharina Ley, Geschwisterbande. Liebe, Hass und Solidarität, Düsseldorf 2001 (Verlag Walter)

Horst Petri, Geschwister. Liebe und Rivalität. Die längste Beziehung unseres Lebens, Stuttgart 2006 (Kreuz Verlag)

Hans Sohni, Geschwisterbeziehungen in Familien, Gruppen und in der Familientherapie, Göttingen 2004 (Vandenhoeck & Ruprecht)

Kirsten Sørrig/Oluf Martensen-Larsen, Große Schwester, kleiner Bruder. Prägung durch die Familie, Bern/München/Wien 1991 (Scherz Verlag)